"大思政课"视域下
思政小课堂与社会大课堂
深度结合研究

桑　雷　陈薇薇 ◎ 著

上海财经大学出版社
SHANGHAI UNIVERSITY OF FINANCE & ECONOMICS PRESS

上海学术·经济学出版中心

图书在版编目(CIP)数据

"大思政课"视域下思政小课堂与社会大课堂深度结合研究/桑雷,陈薇薇著.—上海:上海财经大学出版社,2023.12
ISBN 978-7-5642-4299-2/F·4299

Ⅰ.①大… Ⅱ.①桑…②陈… Ⅲ.①高等学校-思想政治教育-研究-中国 Ⅳ.①G641

中国国家版本馆 CIP 数据核字(2023)第 233702 号

江苏省高校优秀青年思想政治理论课教师"领航·扬帆"计划资助;2023 年度江苏高校哲学社会科学研究重大项目"'大思政课'高质量发展研究"(2023SJZDSZ005)资助。

□ 责任编辑　姚　玮
□ 封面设计　贺加贝

"大思政课"视域下思政小课堂与
社会大课堂深度结合研究

桑　雷　陈薇薇　著

上海财经大学出版社出版发行
(上海市中山北一路 369 号　邮编 200083)
网　　址:http://www.sufep.com
电子邮箱:webmaster@sufep.com
全国新华书店经销
上海华教印务有限公司印刷装订
2023 年 12 月第 1 版　2023 年 12 月第 1 次印刷

787mm×1092mm　1/16　12.25 印张(插页:2)　199 千字
定价:68.00 元

序

习近平总书记指出:"要高度重视思政课的实践性,把思政小课堂同社会大课堂结合起来,在理论和实践的结合中,教育引导学生把人生抱负落实到脚踏实地的实际行动中来。"如何把"思政小课堂"与"社会大课堂"有机结合,是当前思政课高质量发展面临的重要课题。

本书站在马克思主义实践哲学观的立场上,聚焦"大思政课"建设,围绕"思政小课堂"与"社会大课堂"结合展开研究,对"为何深度结合""结合现状如何""如何深度结合"等理论和实践问题做出了全面、系统的阐释,具有很好的理论和实践价值。在理论层面,本书有助于进一步增强对"大思政课"内涵和外延的理解,以及对两个课堂深度结合的认识,拓宽思政课教学视野,用好新时代和社会生活这个"社会大课堂"以及社会实践这部"思政大教材",做到理论性与实践性统一,更好地推动新时代思政课的改革创新和高质量发展;在实践层面,本书有助于进一步明确两个课堂深度结合的原则、路径、方法、运行机制,以及深度结合过程中教师队伍结合、资源整合、平台聚合等现实问题,推动思政课理论教学的拓展和实践教学的深化,提升思政课教学质量,提高学生的满意度和获得感。

具体来说,作者对于"大思政课"的认识和理解是反思性的,对于"思政小课堂"与"社会大课堂"结合的思考具有很多新意,论证颇为有力,体现出三个方面的特点:

1.敏锐的问题意识和现实思考。作者是专任思政课教师,在多年的教学实践中,坚持"问题导向",认识到一定程度上存在"理论与实践结合不够"的问题,并进行了持续的跟踪研究,提出了"假装学习""课堂沉默"等思政课堂的新问题,开展了基于"理论联系实际"的"四理贯通、四环紧扣"思政课教学改革实践,积极倡导理论在指导实践的同时,理论向实践回归、以实践验证理论。本书是作者在多年理论和实践积淀的基础上,结合"大思政课"建设新要求的一次与时俱进,可以说是直面当前思政课建设的突出问题,在研究主题上鲜明地体现出"开门办思政课",具有很好的问题意识和实践导向。

2.开放的学术视野和逻辑结构。本书以马克思主义实践哲学为指导,融合了思想道德形成发展规律、教育资源整合规律、学生成长成才规律等多学科交叉的视野。遵循着"聚焦问题——诊断问题——解决问题"的思路展开,既有理论研究,又有实证研究和对策研究。理论研究探讨了"大思政课"视域下两个课堂深度结合的内在机理和动力逻辑,实证研究分析了两个课堂深度结合存在的问题及深层次原因,对策研究提出了两个课堂深度结合的路径方法和实施策略,可以说是对现有研究的集成和创新,体现出开阔的研究视野和缜密的研究逻辑,具有很好的理论价值和实践意义。

3.深刻的理论洞见和实践观照。本书坚持系统论的观点和辩证的思维方法,针对现有研究中"见事不见人"的问题,更加关注教师和学生等的主体性分析,突出"主体—资源—利益"的系统研究。在研究结论中提出,两个课堂的深度结合不仅限于"需求侧",而且需要"供需结合"的互动协同,从"供给""需求"结合的双重逻辑,提出了两个课堂有效结合的指导原则、结合方式、有效路径及实施策略,可以说是抓住了主要矛盾和矛盾的主要方面,体现出深刻的理论反思与实践指向,具有很好的针对性、实用性和可操作性。

基于对年轻教师学术研究的肯定和实践探索的鼓励,也期待着他们能够有更好的学术发展。

写下点滴感受,是为序。

南京师范大学马克思主义学院院长、教授、博士生导师

王刚

前　言

习近平总书记提出："'大思政课'我们要善用之，一定要跟现实结合起来。"①这为新时代思政课改革创新提供了根本遵循。从思政课到"大思政课"，表面上只有一字之差，实质上却是思政课内涵发展和质量提升的新契机。从理论逻辑来看，"大思政课"字面上的"大""思政""课"都具有特定的理论内涵。其中，"大"着眼于时空的拓展，主要体现为地位之大、主体之大、客体之大、载体之大，更加注重的是课内课外的结合、校内校外的结合、线上线下的结合，强调的是大中小学思政课的"纵向贯通"，以及"思政小课堂"与"社会大课堂"的"横向融通"；"思政"是其内核；"课"具体化为课程或课程体系。当然，"大思政课"无论如何取其"大"，在本质上依然属于思政课的范畴，不是脱离思政课而另外开设的独立的思政课，具有思政课的本质属性和功能，以落实"立德树人"为根本任务，是在思政课基础上的守正创新。

"大思政课"的高质量发展，在客观上要求"思政小课堂"与"社会大课堂"的深度结合，然而在"应然"与"实然"之间存在着一定的差距，即理论上具有必要性和可行性，但实践中存在盲目性和滞后性。从理论上来讲，两个课堂都是"大思政课"的重要组成部分，在本质上都属于思政课的范畴，因其教学目标、教学内容、教学方法等方面的互补，在教育环境的彼此贯通、教育资源的联合共享、面临问题的相互关联、教育目标的内在一致、教育内容的融会贯通、教育方法的创新协同、教学测评的有效互动、教育效果的相互影响八个方面存在紧密的关联性，两个课堂的深度结合能够实现优势互补，发挥育人合力。同时，两个课堂深度结合中时间和空间的拓展、平台和资源的整合，能够更好地适应"00后"学生的群体特征、思想特质、接受程度等。然而从实际运作来看还存在一些问题。结合对部分学校实施的问卷调

---

① 2021年3月6日，习近平总书记看望参加全国政协十三届四次会议的医药卫生界、教育界委员时的讲话。

查,共收回有效问卷 3 506 份,其中教师问卷 462 份,学生问卷 3 044 份。根据问卷调查反馈的信息,两个课堂的结合在总体上存在"融而不合""合而不深"的问题,具体表现为在教育目的上存在"相分离"的状况,在教育内容上存在"相脱节"的情况,在教育形式上存在"不统一"的情形。针对存在的问题开展针对性地剖析,存在问题的主要原因在于教学主体的参与度不够、教学平台的融合度不够、教学机制的协同度不够。

本书在理论论证和实证分析的基础上,提出"思政小课堂"与"社会大课堂"深度结合的三个方面的路径和策略:一是拓展两个课堂深度结合的思维范式,需要具有明确"小课堂·大社会"的思维,在横向上强化"思政小课堂"向社会延伸拓展,善用"社会大课堂""网络云课堂""思政全课堂";在纵向上推进大中小学思政课一体化建设。实现两个课堂的横向融通、纵向贯通。二是优化两个课堂深度结合的路径方法。需要发挥两个课堂的特点和优势;通过找准契合点和关键点,明确两个课堂深度结合的着力点;教师队伍建设是关键,实践教学改革是重要抓手。其中,在教师队伍建设方面,重在思政课专职教师实践教学水平的提升,以及专职、兼职思政课教师队伍的打造;在实践教学改革方面,重在宏观上实施精细化的实践教学管理,中观上整合实践教学的平台和资源,微观上丰富实践教学的内容和形式。三是完善两个课堂深度结合的保障机制,需要重点思考两个课堂深度结合的支持体系和保障机制,具体表现为常态化的管理机制、一体化的联动机制和长效化的保障机制。其中,常态化的管理机制重在搭建有力有序的运行架构,一体化的联动机制重在发挥多元主体在宏观、中观、微观上的作用,长效化的保障机制重在强化教学质量评价改革和教学经费的支持保障。

目　录

第一章

绪 论

第一节 研究背景及意义

一、研究的背景

2021 年 3 月,习近平总书记在看望参加全国政协十三届四次会议的医药卫生界、教育界委员时指出:"思政课不仅应该在课堂上讲,也应该在社会生活中来讲。""'大思政课'我们要善用之,一定要跟现实结合起来。"习近平总书记关于"大思政课"的重要论述,为全面推进新时代思政课的创新改革指明了方向,提供了理论遵循,确立了方法论指导。当前,世界处于百年未有之大变局,中国处于"两个一百年"的历史交汇期,思政课也面临着改革创新的关键期。在此背景下,"大思政课"理念的提出恰逢其时,体现了思政课要与时俱进、拥抱变化,要始终做到"因事而化、因时而进、因势而新",直接关系到"如何培养人、培养什么样的人、为谁培养人"的问题。

(一)大视野:"两个大局"的时代背景

2020 年 8 月 24 日,习近平总书记在经济社会领域专家座谈会上指出:"时代课题是理论创新的驱动力。""大思政课"概念的提出,就是对时代课题的深刻回应。放眼当前的国际国内形势,主要表现为"两个大局"。

1. 世界正处于百年未有之大变局

在经济全球化和世界多极化发展的大背景下,随着中国的快速发展和综合国力的日益增强,中国正逐步走向世界舞台的中央,中国对世界的影响力比以往任何时候都更加全面、深刻和长远,这一发展趋势是任何敌对势力都无法阻挡的。习近平总书记在党的二十大报告中回顾过去十年成就时指出,"我们全面推进中国特色大国外交,推动构建人类命运共同体,坚定维护国际公平正义,倡导践行真正的多边主义,旗帜鲜明反对一切霸权主义和强权政治,毫不动摇反对任何单边主义、保护主义、霸凌行径。我们完善外交总体布局,积极建设覆盖全球的伙伴关系网络,推动构建新型国际关系。我们展现负责任大国担当,积极参与全球治理体系改革和建设,全面开展抗击新冠肺炎疫情国际合作,赢得广泛国际赞誉,我国国际影响力、感召力、塑造力显著提升。"①历经百年奋斗,中国共产党带领全国各族人民取得了中国特色社会主义的伟大成就,开辟了中国式现代化道路,创造了人类文明新形态。这些都有力驳斥了西方甚嚣尘上的"中国威胁论""中国崩溃论""历史终结论"等,日裔美籍政治学者弗朗西斯·福山对"历史终结"的修正和反思就是最好的证明。今天,我们可以自豪地认为,中国人民可以"平视"这个世界了,新时代的中国青年已经具备了"强国一代"的底气和自信。当然,在看到发展成就的同时,我们也不能忽视国际环境新的发展变化,在 2018 年 6 月中央外事工作会议上,习近平总书记明确指出:"当前,我国处于近代以来最好的发展时期,世界处于百年未有之大变局,两者同步交织、相互激荡。"这一重要论断已被近年来变幻莫测的国际关系走向和跌宕起伏的世界安全形势所验证。国际大环境和周边小环境日趋复杂多元,"北约东扩""俄乌冲突""新冠病毒"的影响,极大地改变了世界的发展和安全议题,全球战略格局面临深度调整。

这是一个最好的时代,这也将是一个机遇与挑战并存的时代。站在国际局势中看中国,是"大思政课"的时代意蕴。思政课教学不能只讲抽象理论,脱离世界讲中国。"大思政课"之大,就是要将中国问题放到人类社会发展过程、放到国际格局变化中去解读,通过正确认识中国特色和进行国际比较,讲好中国故事,教育和引导学生理解和认识"两个大局"的逻辑关联,坚定"构建人类命运共同体"的历史自信。

---

① 习近平著作选读(第一卷)[M].北京:人民出版社,2023:4—16.

2. 立足中华民族伟大复兴战略全局,中国特色社会主义进入新时代

党的十九届六中全会审议通过的《中共中央关于党的百年奋斗重大成就和历史经验的决议》,系统全面地总结了党的百年奋斗重大成就和历史经验。回顾党的百年奋斗征程,中国共产党带领中国人民,实现了从站起来、富起来到强起来的伟大变革,①创造了经济快速发展和社会长期稳定的两大"奇迹"。

一方面,我国经济的快速发展坚定了社会主义制度自信。1978 年,党的十一届三中全会召开,我国开始将工作重心转移到经济建设上来,促成了我国几十年的快速增长,我国经济快速发展,科技实力、综合国力等核心竞争力持续增强,经济总量先后超过法国、英国、德国等发达国家,在 2010 年超过日本,位居世界第二位。2013 年,党的十八届三中全会提出了全面深化改革的发展战略,我国的改革开放在新的发展阶段不断向纵深推进。在西方国家受到金融危机影响经济发展整体放缓的大环境下,我国经济保持了稳中有升的发展态势,经济活力和经济贡献度持续提升。据统计,我国对世界经济的贡献率年均超过 30%,对全球减贫的贡献率超过了 70%。截至 2020 年底,虽然受到新冠疫情的不利影响,我国依然实现了 14 亿人口的全面小康,居民人均可支配收入增加到 3 万多元,基本医疗保险覆盖超过 13 亿人,基本养老保险覆盖近 10 亿人。832 个国家级贫困县全部摘帽,9 899 万贫困人口全部脱贫,贫困人口人均纯收入增加到 10 740 元。同样,我国经济的快速发展,人民生活水平的提高,国际地位和影响力的提升,也进一步坚定了人民群众对社会主义制度的信心,这也成为中国特色社会主义发展的最大动力源。②

另一方面,我国社会的长期稳定坚定了社会主义制度自信。1956 年,伴随着社会主义革命的完成,社会主义制度在我国确立。60 多年来,中国共产党对社会主义制度建设始终保持着清醒的认识,中国特色社会主义制度建设的接续性一以贯之。党的十八大以来,以习近平同志为核心的党中央领导集体与时俱进,从"五位一体"到"四个全面",从"全面从严治党"到"治理体系和治理能力现代化",社会主义制度不断得到完善和发展,保证了新中国成立以来 70 多年和谐安定的政治局面,有效维护了人民当家作主的地位和公平正义的落实,"一出国、就爱国"正成为

① 黄海. 中国特色社会主义制度自信:基本依据·价值意蕴·实现路径[J]. 吉首大学学报(社会科学版),2020(1):1—7.

② 程竹汝. 论坚定中国特色社会主义制度自信的若干依据[J]. 中共中央党校(国家行政学院)学报,2020(1):18—25.

全体中国人的基本共识。与之形成鲜明对比的是,西方国家鼓吹下的"普世价值""双重标准"导致乱象丛生,欧美政坛"黑天鹅事件"频现,"选举民主"备受质疑,"民主赤字"接连出现,民族种族冲突愈演愈烈,刑事犯罪率居高不下……。① 根据美国民调机构皮尤研究中心(Pew Research Center)的民调统计,有一组关于社会制度满意度的调查数据,中国的"不满意度"是 11%,美国的"不满意度"是 64%,其他国家,如希腊和法国的"不满意度"是 80%~90%。与之类似的是,法国益索普咨询公司(Ipsos)于 2017 年公布了 25 个国家跨国民调结果,民调的主题是"你的国家是否走在正确的道路上",对于这一问题的回答,90%的中国人持肯定的态度,美国的比例是 34%,而法国的比例仅为 11%。② 在这一过程中,特别是党的十八大以来,以习近平同志为核心的党中央在治国理政的伟大创新实践中形成了一系列原创性思想、变革性实践、突破性进展和标志性成果,创立了习近平新时代中国特色社会主义思想。党的二十大报告强调:"从现在起,中国共产党的中心任务就是团结带领全国各族人民全面建成社会主义现代化强国、实现第二个百年奋斗目标,以中国式现代化全面推进中华民族伟大复兴。"

讲好思政课,不能干巴巴地宣读文件。"大思政课"建设具有鲜明的时代逻辑,它着眼于中国特色社会主义的社会实践问题,在中国大地上进行的社会变革和实践创新是新时代思政课最生动、最鲜活的素材。即通过聚焦社会现实,挖掘鲜活的时代生活素材,拓展思政课教学的社会视野,教育和引导学生在中国共产党治国理政的生动实践和精彩故事中厚植爱国情怀,坚定"四个自信",在实现中国梦的生动实践中激扬青春理想,担当历史使命和责任。

(二)大情怀:"立德树人"的根本任务

"培养什么人、怎样培养人",是我国社会主义教育事业发展中必须解决好的根本问题。"大思政课"是新时代为党育人、为国育才的时代要求,是落实"立德树人"根本任务的重要途径。

1. 聚焦"立德树人"的根本任务

我国古代一直以来非常重视"德","立德"是我国古代"三不朽"之一。《左传》载有"太上有立德,其次有立功,其次有立言,虽久不废,此之谓不朽"。意思是,人

---

① 桑雷,曾子星.把握中国特色社会主义制度自信的四重逻辑[J].学习月刊,2022(8):17-21.
② 张维为。这就是中国——走向世界的中国力量[M].上海:上海人民出版社,2020:10.

生最高的境界是立德有德,实现道德理想;其次是事业追求,建功立业;再次是有知识有思想,著书立说。这三者是人生不朽的表现。把"立德"摆在第一位,是因为万事从做人开始。《管子》有云:"一年之计,莫如树谷;十年之计,莫如树木;终身之计,莫如树人。"这段话表明我国古代先贤已充分认识到培养人才是长远之计。"立德树人"几乎是我国历代教育共同遵循的理念。

当前,我国教育制度的社会主义属性决定了思政课具有鲜明的政治属性和政治引导功能,对培养社会主义建设者和接班人具有不可替代的作用。我们看到,在高等教育的课程体系中,从来没有哪一类或哪一门课程像思政课一样受到党和国家如此高度的重视。党的十八大以来,中国特色社会主义进入新时代,习近平总书记从世界百年未有之大变局和中华民族伟大复兴的战略全局出发,深刻地思考了"培养什么样的人、怎样培养人和为谁培养人"这一教育的根本问题,突出强调了"立德树人"的重要性,把"思政课"提到落实"立德树人"根本任务关键课程的地位,并对学校如何建好"思政课"、教师如何讲好"思政课"提出了明确的要求,给予了具体的方法论指导。当前,国家倡导并推进"大思政课"建设,就是要全面贯彻党的教育方针,聚焦立德树人根本任务,解决好培养什么人、怎样培养人、为谁培养人的根本问题。在具体的教育实践中,就要坚持用习近平新时代中国特色社会主义思想凝心铸魂,讲清楚中国共产党为什么能、马克思主义为什么行、中国特色社会主义为什么好的道理;讲清楚新时代中国共产党人面对中国之问、世界之问、人民之问、时代之问的实践探索和伟大成就,教育和引导青年学生传承伟大民族精神、赓续红色血脉、昂扬时代风貌。增强对马克思主义、共产主义的信仰,增强对中国特色社会主义的信念,增强对全面建成社会主义现代化强国、实现中国式现代化、全面推进中华民族伟大复兴的信心和决心,把实现个人价值同党和国家前途命运紧密联系到一起,自觉投身全面建设社会主义现代化国家的时代洪流。

2.聚力"时代新人"的培养要求

党的十八大以来,习近平总书记提出"不忘初心、牢记使命"这一重大政治命题,并对党的初心使命进行多次深刻阐释,形成了关于"不忘初心、牢记使命"的重要论述,是我们深入领会、践行初心使命的根本遵循。我们党"为中国人民谋幸福、为中华民族谋复兴"的初心使命,在教育领域具体表现为"为党育人、为国育才"。作为立德树人关键课程的思政课,面对的是实现中华民族伟大复兴中国梦的关键一代人,肩负着为党育人、为国育才的光荣使命。培养时代新人,最重要的是要坚定理想信念,要以爱国主义为核心的民族精神为思想标准,这是时代潮流所在,是民族精神的底色。对于教育对象的青年学生群体来讲,处于心理塑造和价值观形成的关键期,思维最活跃,也易受多元价值观念冲击,最需要正确引导和精心栽培。因此,新时代学生需要的不仅是传授知识,更需要铸造精神,而思政课正是关键所在。思政课是对学生进行系统的马克思主义理论教育的主阵地;是帮助学生树立正确的世界观、人生观、价值观的主渠道;是落实"立德树人"根本任务的关键课程,对学生成长成才、把学生培养成德智体美劳全面发展的社会主义事业合格建设者和可靠接班人,发挥着不可替代的作用。

特别是当前在"两个大局"的背景下,思政课在新时代"坚持教育为人民服务、为中国共产党治国理政服务、为巩固和发展中国特色社会主义制度服务、为改革开放和社会主义现代化建设服务"的使命日益凸显。"大思政课"强调坚持理论性和实践性相统一,重视思政课的实践性,强调把"思政小课堂"与"社会大课堂"结合起来。可以说,进一步拓展了思政课的时空维度。在此,思政小课堂的"小"更多地强调基于学校内部的理论教学、课堂内的教学。"社会大课堂"在这里也并不泛指整个社会,而是指学生能够接触到的与"思政小课堂"紧密相关的社会场域。"社会大课堂"的"大"强调在"大"社会中为"小"课堂提供实践空间、实践载体、实践资源。因此也可以认为,将"思政小课堂"与"社会大课堂"相结合,不仅是思政课改革创新的需要,而且是培养有理想、有本领、有担当的时代新人的必然要求。

(三)大格局:"关键课程"的改革要求

习近平总书记在学校思想政治理论课教师座谈会上指出:"要坚持理论性和实践性相统一,用科学理论培养人,重视思政课的实践性,把思政小课堂同社会大课堂结合起来。"①中共中央办公厅、国务院办公厅印发的《关于深化新时代学校思想政治理论课改革创新的若干意见》提出:"推动思政课实践教学与学生社会实践活动、志愿服务活动结合,思政小课堂和社会大课堂结合。"教育部等部门印发的《全面推进"大思政课"建设的工作方案》,强调充分调动全社会力量和资源,推动思政

---

① 习近平主持召开学校思想政治理论课教师座谈会强调:用新时代中国特色社会主义思想铸魂育人,贯彻党的教育方针落实立德树人根本任务[N].人民日报,2019-03-19(001).

小课堂与社会大课堂相结合。① 这些都凸显了"思政小课堂"和"社会大课堂"结合的重要性,是进一步推进思政课创新改革、提升思政课教学质量的必然要求。

1."大思政课"为新时代思政课改革指明了新方向

思政课是落实"立德树人"根本任务的关键课程,也是马克思主义主流意识形态宣传教育的主渠道、主阵地。习近平总书记指出:"做好高校思想政治工作,要因事而化、因时而进、因势而新。"如何在教育实践中将这一要求进行贯彻和落实,"大思政课"理念提供了具体的思路,为新时代思政课改革指明了方向。"大思政课"坚持理论和实践的统一,突出"以学生为中心",充分利用"社会大课堂",不断整合各种社会资源,拓展各种载体和平台,在理论与实践的结合中实现思想政治教育"1+1>2"的作用。通过引导和教育学生学懂弄通马克思主义的基本理论,并将其融入具体的生活、学习中,学会在日常生活中运用科学的世界观和方法论,客观理性地分析当下的社会现象和热点话题,加深其对中国特色社会主义的道路自信、理论自信、制度自信和文化自信。

2."大思政课"为新时代思政课改革提出了新要求

党的十八大以来,以习近平同志为核心的党中央高度重视思政课建设和思想政治教育工作。习近平总书记在多个场合反复强调:"高校思想政治工作关系高校培养什么样的人、如何培养人以及为谁培养人这个根本问题。"②其中,"培养什么样的人"涉及的是思想政治教育的目标和规格问题,"如何培养人"涉及的是思想政治教育的方式和方法问题。"大思政课"理念为解决"如何培养人"提供了新思路。"大思政课"理念坚持理论和实践的统一,在实践中要求"思政小课堂"与"社会大课堂"的有机结合,既要用好"思政小课堂",发挥思政课的课堂教学主渠道作用;又要用好"社会大课堂",立足经济社会发展的生动实践,讲好"大思政课"。要"鼓励学生走向社会、深入基层,感受时代温度,体悟家国情怀"③,教育和引导学生以大视野、大情怀、大格局认识和观察中国的世界和世界的中国,正确认识世界局势和中国发展,正确认识中国特色,正确认识时代责任和历史使命,激励学生"得其大者可

---

① 中共中央办公厅 国务院办公厅印发《关于深化新时代学校思想政治理论课改革创新的若干意见》[EB/OL].(2019−08−14)[2019−09−09]. http://www.xinhuanet.com/politics/2019−08/14/c_1124876294.htm.

② 习近平谈治国理政(第2卷)[M].北京:外文出版社,2017:376.

③ 刘亚.办好理论性和实践性相统一的思政课[N].经济日报,2020−12−15(11).

以兼其小",将个人理想、价值追求与实现中华民族伟大复兴的中国梦联系起来,成为堪当民族复兴大任的时代新人。

3."大思政课"为新时代思政课改革提供了新动力

近些年来,随着国家对思政课越来越重视,思政课的创新改革取得了显著成效,教学质量明显提高,学生的满意度持续提升,不少学校的思政课成为最受学生欢迎的课程,涌现出一大批深受学生喜爱的"网红教师",部分教师的思政课甚至出现了"一座难求"的情况。然而,在大环境日渐趋好的情况下,思政课教学仍然存在一些亟待解决的问题和短板。比如,部分思政课教学的针对性不强、亲和度不足、感染力不够等问题;教师思政课上"满堂灌""填鸭式教学""一张讲义讲到底"的问题;学生思政课上"玩手机""学专业""抬头率不高"的问题;思政课脱离社会、脱离生活、脱离实际的问题。这些问题和短板也是当前思政课教学实践中面临的痛点和难点。因此,部分学生对思政课认同度不高的现象依然存在,从心理上排斥思政课的现象也并未消除,思政课在一定程度上仍然存在"学生不爱,教师无奈"的窘境,大大弱化了思政课应有的价值和作用,降低了思政课的教学质量和育人效果。既没能满足学生的需求和期待,也没有实现思政课教学的目标和任务。提出"大思政课"理念的本意就是创新改革思政课,打造思政课堂教学的"升级版",破解制约思政课教学质量提升的深层次问题,为新时代思政课改革创新提供新动力。在此,我们可以从习近平总书记对思政课、思政课教师队伍建设等的具体要求中得到答案。比如,对于思政课建设,习近平总书记提出:"要用好课堂教学这个主渠道";对于思政课教师队伍建设:"办好思想政治理论课关键在教师,关键在发挥教师的积极性、主动性、创造性"。要引导广大思政课教师自觉按照"政治要强""情怀要深""思维要新""视野要广""自律要严""人格要正"的要求练好基本功。①

二、研究的意义

"大思政课"理念是对传统思政课的超越优化和守正创新,更注重理论与实践相结合的现实观照。在教学内容上实现横向贯通,在教学手段上更加适应时代要求,在教学方法上更注重与实践相统一,真正成为新时代落实"立德树人"根本任务

---

① 朱旭."大思政课"理念:核心要义、时代价值与实践路径[J].马克思主义理论学科研究,2021(5):107-114.

的关键课程。反之,在思政课教学中贯彻"大思政课"理念,遵循"大思政课"的运行逻辑和建设规律,调动一切育人主体、发掘一切育人资源、形成强大育人合力,推动思政课高质量发展,不仅是一种现实必要,而且是一种客观必然。结合前人的研究,研究意义具体可以从三个方面进行理解:[①]

（一）推动思政课教学改革,需要在"大思政课"落"细"上下功夫

"大思政课"的每一个环节和要素都要充分调动起来。一方面,依据思政课各门课程特点,发挥思政课独特优势和资源,实现精准滴灌;依据总体要求与学科优势,协同思政课程与课程思政,实现"各门课都承担育人任务";另一方面,要建构好学校、家庭、社会协同发力的大思政课程体系,推动形成全党全社会努力办好"大思政课"、教师认真讲好"大思政课"、学生积极学好"大思政课"的良好氛围。

（二）推动思政课教学改革,需要在"大思政课"落"小"上下功夫

"大思政课"切入口径要具体、可感、可信,以小见大、以微知著。一方面,应充分结合社会生活讲好中华民族的故事、中华人民共和国的故事、中国共产党的故事、中国特色社会主义的故事、改革开放的故事,特别是要讲好新时代的中国故事,引导学生在故事沁润中、榜样指引中,激扬家国情怀、激发青春担当;另一方面,要教育引导学生正确看待、辩证认识、理性分析现实问题。学生关注的、有疑问的问题不管多复杂,都应分类启发式地讲、"掰开揉碎"了讲;要善于从具体问题切入,把问题想透、把道理讲透,有效引导学生触类旁通,做起而行之的行动者,当攻坚克难的奋斗者。

（三）推动思政课教学改革,需要在"大思政课"落"实"上下功夫

聚焦"不断增强思政课的思想性、理论性和亲和力、针对性"改革要求,抓准提升思政课教学实效性的着力点。一方面,准确把握并消除教学中的"痛点"。对于教学中存在的教材分析与学情分析不平衡、目标针对性不强的问题,应"纵向"对标思政课大中小学一体化建设、"横向"对标同一学段思政课一体化建设、"协同"对标思政课实效性与专业课育人性一体化建设,实现"大思政课"教学目标针对性与高阶性的螺旋上升;另一方面,对于教学中存在的知识灌输与学理性启发不融合、内容说服力不强的问题,要用彻底的理论阐释、具体的现实观照、细腻的学科融合,实现"大思政课"教学内容学理性与启发性的有机统一。不能让学生仅停留在知识灌

---

① 李培超.办好"大思政课" 推动高校思政课教学改革[N].湖南日报,2021-09-09.

输、学习抽象概念层面,应形成独立观察认识当代世界、当代中国的立场、观点和方法,把个人价值同党和国家前途命运紧紧联系在一起,深刻领悟自身历史使命与时代责任,自觉成长为堪当民族复兴重任的时代新人。

第二节　研究现状及进展

一、国外研究梳理及研究动态

国外没有专门的思想政治教育,其开展的政治教育、道德教育等课程接近于我国的思政课。近代以来受到杜威实用主义教育思想的影响,国外学校倡导从社会实践的角度对学生进行政治教育、道德教育,让学生在参与社会活动中接受教育。比如,美国高校经常利用重大庆典、博物馆、纪念馆等宣传政治制度和价值观念,作为德育教育的重要载体(Robert D. Heslep,2003)。英国的大部分高校开设了道德教育课程,且注重道德教育与社会团体、社区活动的对接互动,加强学生思想道德的引导(Stow and David,2019)。通过对国外相关文献充分地研究,可以看到西方高校把道德教育与社会实践相结合的做法具有一定的借鉴价值。本书把国内相关研究作为重点展开分析。

二、国内研究梳理及研究动态

(一)关于"大思政课"基本内涵、价值指向或与思政课教学关系的研究

对"大思政课"的研究始于习近平总书记"大思政课"的论述,在基本内涵上突出了"大"和"思政"两个方面。冯秀军、燕连福等学者进行了解读。《"大思政课"建设的基本内涵、历史回顾与未来着力点》(燕连福,2021)一文指出,"大思政课"指高校在思政课建设过程中,推动教师系统地挖掘、整合和运用课堂、学校和社会中具有思政教育功能属性的资源和素材,将思政小课堂与社会大课堂相结合。关于"大思政课"价值指向的研究,众多学者都指向了一个方向,推动思政课的社会延伸,形成教育合力。《善用"大思政课"推进教学改革创新》(徐蓉、周璇,2022)一文认为,理论与实践的结合是"大思政课"的最显著特征,社会现实与社会实践是"大思政课"最鲜活的教学题材。部分代表性文献如表1—1所示:

表 1-1   "大思政课"的研究文献

作者	发表时间	文章名称	发表期刊
冯秀军	2021	善用"大思政课"的三个维度	思想理论教育导刊
叶方兴	2021	大思政课:推动思想政治理论课的社会延展	思想理论教育
徐蓉 周璇	2022	善用"大思政课"推进教学改革创新	思想理论教育
夏永林	2021	"大思政课"内涵的多维探讨	思想理论教育导刊
张士海	2021	关于"大思政课"建设的几点思考	马克思主义理论 学科研究
燕连福	2021	"大思政课"建设的基本内涵、历史 回顾与未来着力点	高校马克思主义 理论研究

(二)关于"思政小课堂"与"社会大课堂"结合的重要性、理论依据及关系研究

众多学者基于马克思主义实践观、社会共生理论、社会交换理论等,提出将思政小课堂的理论性同社会大课堂的实践性结合,有助于实现理论与实践、知与行的统一。《论思政小课堂同社会大课堂结合的价值意蕴和实践路径》(何益忠,2020)一文提出,思政小课堂同社会大课堂结合,是遵循思想政治工作规律、教书育人规律和学生成长规律的内在要求,是进一步提高思政课教学针对性、有效性的现实需要;《高校思政小课堂同社会大课堂结合的内在逻辑及实现路径》(王碧波,2021)一文认为,高校思政小课堂同社会大课堂在教育环境、教育资源、教育目的、面临问题、教育内容、教育效果等方面,都有着深刻的相互支持和统一的内生逻辑。部分代表性文献如表 1-2 所示:

表 1-2   思政小课堂与社会大课堂结合重要性的研究文献

作者	发表时间	文章名称	发表期刊
何益忠	2021	论思政小课堂同社会大课堂结合的 价值意蕴和实践路径	思想理论教育
王碧波	2021	高校思政小课堂同社会大课堂结合 的内在逻辑及实现路径	高校辅导员
徐成芳	2017	社会主义大学思政课教学规律问题研究	思想理论教育导刊
颜茵	2019	高校思政课如何有效回应社会思潮	人民论坛

续表

作者	发表时间	文章名称	发表期刊
赵明刚	2021	关于思政小课堂和社会大课堂相结合的理论思考	漯河职业技术学院学报
张喜梅王华彪	2015	论思想政治课学校小课堂和社会大课堂结合教学的价值意义	产业与科技论坛

（三）关于"思政小课堂"与"社会大课堂"结合的可行性、实践方式或做法研究

众多学者从思政课"实践性"的角度论证了两者之间结合的可行性，重点探讨了实践教学、社会热点融入、社会资源开发等实践方式及一些学校的实践教学案例。《论思政小课堂与社会大课堂的结合》（韩喜平，2019）一文指出，我们要重视思政课的实践性，把思政小课堂同社会大课堂结合起来；《新时代高校思政小课堂与社会大课堂逻辑关系探析》（高玉平，2021）一文指出，实现思政小课堂与社会大课堂的"亲密联姻"，既是唯物主义实践论的要求，也是知行合一教育理念的体现。部分代表性文献如表1—3所示：

表1—3　　　　　　　思政小课堂与社会大课堂结合可行性的研究文献

作者	发表时间	文章名称	发表期刊
韩喜平	2019	论思政小课堂与社会大课堂的结合	思想理论教育
靳慧	2017	发挥社会实践在思政课教学中的重要作用	中国高等教育
夏天	2021	思政课与社会实践的耦合	中学政治教学参考
高玉平	2021	新时代高校思政小课堂与社会大课堂逻辑关系探析	大学（思政教育）
苏剑	2022	实践教学：贯通思政小课堂同社会大课堂的纽带	中国社会科学报
曾文燕	2020	思政小课堂融入社会大课堂	中国教育报

（四）关于"思政小课堂"与"社会大课堂"结合的问题及对策建议研究

众多学者通过研究指出了教学形式缺乏针对性、理论教学与社会实践脱节、结合管理体系不够完善等问题，并提出了针对性的对策和建议。《浅析思政小课堂与社会大课堂的有机融合》（谢曼嫚，2021）一文提出思政小课堂与社会大课堂的结合方式，即优化课程设置，搭建思政实践教学平台，完善思政融合管理体系；《在着力

"六个结合"中展现"大思政课"的善用之道》(王岩,郭凤龙,2022)一文提出,做好精准"六个结合",提升思想政治理论课的针对性、亲和力和实效性。部分代表性文献如表1—4所示:

表1—4　　　　　　思政小课堂与社会大课堂结合问题及对策的研究文献

作者	发表时间	文章名称	发表期刊
甘子成等	2021	基于IRF/IRE的思政圈层增效深度学习实证研究	教育学术月刊
贾美华	2010	如何促进学生有效参与社会大课堂实践学习	教育科学研究
谢曼嫚	2021	浅析思政小课堂与社会大课堂的有机融合	决策探索
吕妙娜	2021	借力乡土资源 贯通思政小课堂与社会大课堂	福建教育学院学报
梁艾曦	2020	浅谈如何把思政小课堂同社会大课堂结合起来	广东省社会主义学院学报
倪科嘉	2019	让思政小课堂同社会大课堂相结合的实践探索	思想政治课研究

三、现有文献研究的学习借鉴

通过学习现有研究成果发现:现有文献已较为丰富,并且呈现出深入化的趋势,为本书研究积累了素材,奠定了良好基础。其中存在的不足之处也正是本书研究关注的重点。主要表现在三个方面:其一,研究的视野和角度可以进一步拓宽。多数成果是从单一学校思政课的视角切入的单线式研究,存在"就思政课谈思政课"的情况,缺乏"大思政课"思维;这些研究大多是"需求侧"的角度,思政课"供给侧"角度研究不多,缺乏多角度透视的立体式或整体性研究。其二,研究的深刻性和系统性可以进一步加强。现有研究大多基于学校教育政策和理论阐释,简单重复性研究居多,缺乏深入社会的实证研究,两者深度结合的合理性及可行性深刻论证不足;路径方法探讨以微观的实践教学、实践活动为主,缺乏宏观、中观、微观"协同"的系统化研究。其三,对教师和学生等教育对象主体性的分析和论证不够。研究中无论是抽象的结合理念还是具体的实践探索,大多存在"见事不见人"的情况,对结合过程中思政课教师成长特点、学生知识习得规律、资源整合方法等都涉及不多,因而提出的对策建议的针对性、实用性不足。

现有文献中存在的不足也正是本书研究的切入点和关注点。本书的研究进一步明确研究的理论价值和实践价值。其中,理论或学术价值体现在三个方面:一是系统梳理习近平总书记关于"大思政课"的重要论述,厘清"大思政课""思政课""思政工作"的关系,进一步明晰"大思政课"的内涵和外延;二是结合高校思政课的功能定位和目标要求,系统论证"大思政课"视域下"思政小课堂"与"社会大课堂"的逻辑关系,充分论证从"结合"到"深度结合"的必要性、可行性和合理性;三是分析"供给""需求"结合的逻辑关系,提供深度结合的指导原则、融合方式、有效路径及实施策略。实践或应用价值体现在三个方面:一是通过开展对学校思政课调查实证研究,重点探析两者融合中存在问题、影响因素、具体成因,为两者融合提供针对性的决策支持和可行路径;二是通过文献研究和专家咨询相结合的办法,构建组织机制、管理机制、运行机制、保障机制、评价机制等长效机制,为深度结合提供系统性制度安排;三是结合典型案例研究,归纳可操作、可复制的模式,为其他学校的实践运行提供参考。

第三节　研究的思路、内容及方法

一、研究问题的提出及研究思路

研究以习近平总书记及研究思路关于"大思政课"的视域,重点从"空间场域"的逻辑出发,以"思政小课堂"与"社会大课堂"的深度结合为总体研究对象,对"为何深度结合""结合现状如何""如何深度结合"等问题做系统研究。理论研究旨在论证"大思政课"视域下"思政小课堂"与"社会大课堂"深度结合的内在逻辑和理论依据;实证研究旨在找出两个课堂结合存在的问题,并进行成因剖析;对策研究旨在有针对性地提出两个课堂深度结合的路径和实施策略,推进新时代思政课改革创新。

研究以马克思主义实践哲学为指导,采用理论分析与实证调查相结合的研究方法,遵循聚焦问题—诊断问题—解决问题的思路展开研究,具体六个部分的内容如图1-1所示。

研究思路	研究内容	研究方法

聚焦问题

"大思政课"的出场逻辑、研究进展及前沿趋势分析 ← 政策分析法 文献分析法

↓

思政小课堂与社会大课堂深度结合的必要性论证 ← 理论建构法 逻辑演绎法

应然性理论要求　实然性现实诉求

↓

思政小课堂与社会大课堂深度结合的可行性探讨 ← 文献分析法 案例分析法

诊断问题

学理逻辑与理论可行性　现实逻辑与学情可行性　综合方式与合理性分析

↓

思政小课堂与社会大课堂结合的问题及成因分析 ← 问卷调查法 深度访谈法 统计分析法

思政小课堂与社会大课堂结合的案例呈现与剖析 ← 案例研究法 比较分析法

↓

解决问题

思政小课堂与社会大课堂深度结合的路径与策略 ← 归纳总结法 专家咨询法

思维范式的拓展　路径方法的优化　保障机制的完善

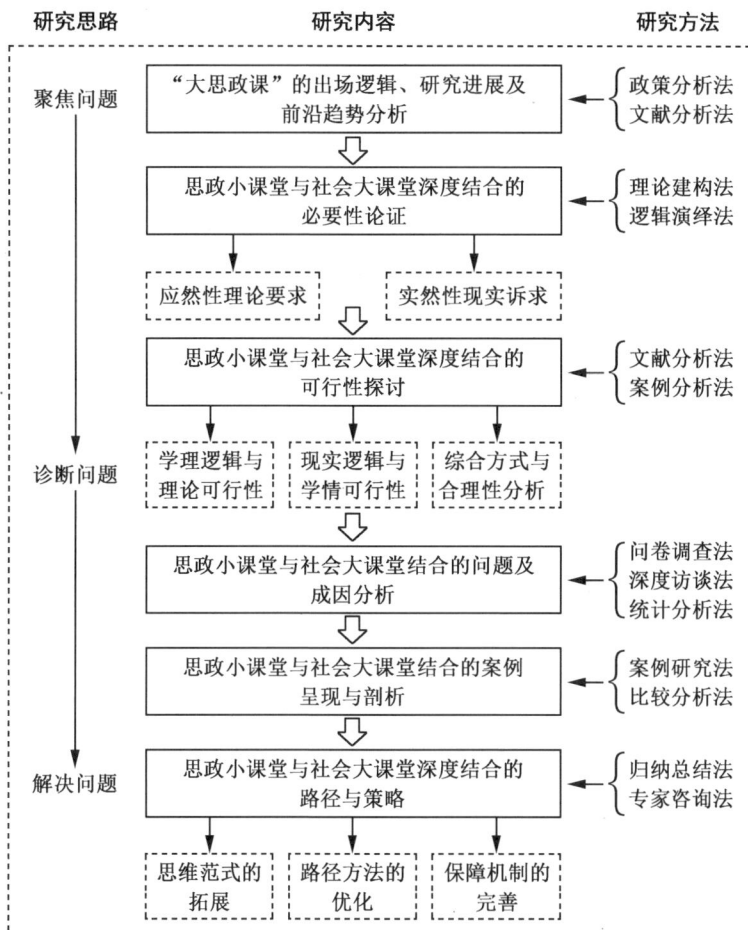

图1-1　本书的逻辑框架

二、研究的主要内容

（一）"大思政课"的出场逻辑、研究进展及前沿趋势分析

"大思政课"提出的背景、提出的过程以及对思政课的优化超越；大思政课的研究进展，主要包括大思政课研究的时空分布特征、研究主题探讨、研究前沿趋势分析等；大思政课研究中需要科学把握的几对关系，重点厘清三对关系，如"大"内涵与"思政课"本质的关系，"大思政课"与"思政课"的关系，"思政小课堂"与"社会大课堂"的关系。

（二）"思政小课堂"与"社会大课堂"深度结合的必要性论证

深度结合的应然性理论要求：根据马克思主义实践哲学要求、教育功能互补理论要求，结合思政课是落实"立德树人"根本任务的"关键课程"，多角度展开研究。深度结合的实然性现实诉求：根据思政课"理论性和实践性相统一"的要求，从思想政治工作规律、教书育人规律、学生成长规律等多角度展开研究。

（三）"思政小课堂"与"社会大课堂"深度结合的可行性探讨

深度结合的学理逻辑与理论可行性：从宏观的国家教育政策、新时代思政课建设要求等方面展开研究。深度结合的现实逻辑与学情可行性：从微观的社会组织思政育人资源开发、"00后"学生群体特点等方面展开研究。结合方式的分类研究与合理性分析：结合知识习得规律、资源整合规律等，重点对现有校内外实践教学等结合方式进行合理性分析。

（四）"思政小课堂"与"社会大课堂"深度结合的问题及成因分析

重点探析两个课堂深度结合存在的问题、影响因素、具体成因。基本的做法是，调查影响两者深度结合的若干因素，并对其进行梳理、归纳、分类。

（五）"思政小课堂"与"社会大课堂"结合的案例呈现与剖析

以某一学校为案例开展案例研究，重点探讨以思政课教学改革为抓手，"思政小课堂"与"社会大课堂"结合的主要做法、实践经验、存在的问题以及改进和完善的思路和方法。

（六）"思政小课堂"与"社会大课堂"深度结合的路径及策略

拓展两者深度结合的思维范式：基于"小课堂·大社会"视角，社会大课堂涉及社会问题、现实社会、虚拟社会等不同层面；优化两者深度结合的路径方法：找准若干结合点，明确两者深度结合的着力点；完善两者深度结合的保障机制：综合考量各种影响因素，重点分析两者深度结合的支持体系和保障机制。

在研究的过程中，进一步明确研究的重点、切入点及难点。研究重点主要包括："大思政课"视域下两者深度结合必要性和可行性的系统化理论论证。如何找准两者深度结合的切入点和着力点，提出有效的路径方法和实施策略。研究难点主要包括：两者深度结合中社会组织、学校、教师、学生等参与者的职责、定位；采用实证调查研究，分析两者深度结合的问题、影响因素及成因；结合成效如何科学评价。

三、研究的具体方法

黑格尔在《逻辑学》中讲到,方法就是工具。选择科学合理的研究方法,能够对问题的解决起到事半功倍的效果。从总体上来看,坚持定性研究与定量研究相结合、思辨研究与实证研究相结合,对"大思政课"视域下"思政小课堂"与"社会大课堂"深度结合的相关问题进行系统而深入的分析。具体地说,本书中运用到的研究方法主要有文献研究法、专家咨询法、教育调查法、统计分析法等。

1. 文献研究法

这是通过对收集到的文献资料进行分析,探明研究对象的性质和状况,并从中引出自己观点的研究方法。研究中对核心概念的界定,以及两个课堂深度结合相关理论的论证主要来源于现有的文献资料。即便是教育调查实证研究部分,其理论和事实依据也主要借助于文献分析。可以说,文献研究法贯穿于研究始终,是研究得以顺利进行的重要保障。

2. 理论研究与实证研究相结合的方法

两个课堂深度结合必要性和可行性的研究以理论研究为主,影响因素及成因分析主要借助于问卷、访谈、统计等实证研究方法,理论与实证的结合也确保了研究过程和结论具有更好的可信度和说服力。

3. 专家咨询法

专家咨询法又称德尔菲(Delphi)专家咨询法,是指反复运用分发专家咨询表的形式,采用背靠背的方式,征询专家小组成员的意见,并通过归纳、整理,逐步淘汰少数意见,最终得出相对一致结论的研究方法。两个课堂深度结合影响因素的归纳分类,以及最终路径方法和实施策略的提出,反复征求教育主管部门、学校、社会组织不同类别和层次的专家意见,使研究成果更加科学、可行、可操作。

四、研究的创新之处

(一)学术思想的特色和创新

两个课堂的深度结合不仅限于"需求侧",而且需要"供需结合"的互动协同。研究在"大思政课"的视域下,拟借助利益相关者理论,从"供给""需求"结合的双重逻辑,提供两个课堂有效结合的指导原则、结合方式、有效路径及实施策略。

（二）学术观点的特色和创新

针对现有研究中"见事不见人"的问题，研究更加关注教师和学生等教育对象主体性分析，从"主体—资源—利益"三个层面，对教师成长特点、学生知识习得规律、资源整合方法等系统性研究，据此从"宏观—中观—微观"三个层次提出对策建议，涵盖了理念层、实践层和保障层。

（三）研究方法的特色和创新

理论与实证相结合的研究方法，必要性和可行性以理论研究为主，影响因素及成因分析借助问卷、访谈、统计等实证方法。此外，影响因素的归纳分类，以及最终路径方法和实施策略的提出，采用专家咨询法，反复征求教育主管部门、学校、社会组织不同类别和层次的专家意见，修改完善后提出对策建议。

第四节　核心概念的界定

研究中涉及的核心概念主要包括思政课、大思政课、思政小课堂、社会大课堂、深度结合等，考虑到有些关键词在政策文件中已经有着明确的界定。在此，仅对大思政课、思政小课堂、社会大课堂等几个核心概念进行探索性的内涵界定。

一、关于"大思政课"的理解

"大思政课"理念提出至今，学界进行了广泛而深入的研究，很多学者围绕这一问题提出了自己的理解和看法，形成了一些颇具洞见的阐释。比如，有学者从高校育人的视角出发，认为"大思政课"指的是高校在思政课建设的过程中，借助社会的空间和资源，推动教师系统挖掘、整合和应用学校、课堂和社会中具有思想政治教育功能属性的素材和资源，将"思政小课堂"与"社会大课堂"、理论与实践、历史与现实、中国与世界结合起来，提升思政课的教学质量和教学效果，从而使学生牢固掌握马克思主义理论，增强对马克思主义和共产主义的信仰、增强对中国特色社会主义的信念、增强对实现中华民族伟大复兴的信心，在"以中国式现代化全面推进中华民族伟大复兴"的新征程中团结奋斗、自信自强，逐渐成长为德智体美劳全面发展的社会主义建设者和接班人,成为堪当民族复兴大任的时代新人。[①] 现有的这些思考为我们开展"大思政课"研究提供了借鉴和启发。研究认为,"大思政课"之"大",内核在于其坚持马克思主义实践哲学的基本原理,遵循思政课落实"立德树人"根本任务"关键课程"的价值逻辑,以及培养时代新人的实践规律,把"思政小课堂"与"社会大课堂"结合起来,推动实现理论性与实践性的统一,进而达到课程教学内容入脑入心的目标。[②] 因此,对于"大思政课"的理解,首先要搞清楚"大思政课"之"大"的内在要求与"思政"的本质特征。

(一)"大思政课"之"大"的内在要求

大思政课之"大"主要体现在四个方面:其一是地位之"大"。习近平总书记将思政课提高到落实"立德树人"根本任务的"关键课程",这门大课程培养的是担当民族复兴重任的时代新人,引导学生立大志、明大德、成大才、担大任,树立正确的世界观、人生观、价值观,成为德智体美劳全面发展的社会主义建设者和接班人,直接关系到全面建设社会主义现代化国家和中华民族的伟大复兴。其二是主体之"大"。相较于传统的思政课以学校思政课教师为主,"大思政课"的内涵决定了其实施主体不囿于学校的思政课教师,而且包括学校的党务干部、辅导员、班主任等所有思想政治教育工作者,甚至包括全党全社会一切参与思想政治教育的工作者,这是一门面向全党全社会全领域、需要多元主体密切合作、多个方面协同配合的大课程。其三是客体之"大"。这里的客体包括了教育对象和教育内容两个部分。从教育对象来看,"大思政课"的客体包括不同成长阶段都需要接受思想政治教育的大中小学学生。从教育内容来看,"大思政课"要求必须与现实相结合、与实践相结合、与生活相结合,将立足课本与观照现实相结合,关注学生对现实生活的所思所想所悟,达到用可触可感的图景教育和引导学生逐梦奋斗的教学目的。其四是载体之"大"。"大思政课"突破了原有学校"思政小课堂"的时空限制,将时空场域拓展到社会空间和网络虚拟空间。其中,社会场域的拓展主要指的是遵循"社会即课堂"的理念,将"思政课堂上讲"与"社会生活中讲"融通起来,打破"思政小课堂"与"社会大课堂"之间的壁垒,把思政课的教学场域扩展到社会大舞台。虚拟场域的

---

① 燕连福."大思政课"建设的基本内涵、历史回顾与未来着力点[J].高校马克思主义理论研究,2021(3):119—130.

② 季卫兵."大思政课"的理论要义与实践导向[J].群众,2021(7):32—33.

拓展主要指的是借助"大智移云"、人工智能、AR、VR、MR等网络信息技术形成的虚拟教学空间,体现现实教学与虚拟体验的有机结合和良性互动,进一步激发学生的学习兴趣和参与意识,帮助学生深化理解、增进认识,增强学习效果。

(二)"大思政课"的"思政"本质特征

"大思政课"之"大"更多体现出的是要求和范畴。"大思政课"也并非大而无边,其本质特征仍然是"思政课"。因此,我们决不能因其"大"的理念而忽视其作为"课"的本质,不能在具体实施的过程中走向概念的虚化和泛化,更不能想当然地将一切社会领域发生的教育活动都笼统的归到"大思政课"的范畴。为此需厘清三种错误倾向:过分强调"大"忽略"课"的本质的"虚无化"倾向;过分追求理念和概念的解读而不注重结合实际的"形式化"倾向;把社会资源和载体严重宽泛而不注意区别分类的"表面化"倾向。针对教学实践中可能遇到的诸多问题,笔者认为,"大思政课"的有效实施,要求课程教学的实践主体采取"选择性"消化吸收的办法,对庞杂无序的社会生活素材进行科学而有效的整理,择取其中有思想政治教育价值,并且有教学意义的社会资源,结合具体的思政课程和学生特点,进行课程化的改造后成为"大思政课"的内容,方能为思政课教学所用。也可以说,"大思政课"作为一种课程理论,是新时代思想政治教育课程化的最新成果;是适应思想政治教育规律和学生成长成才规律,教育和引导学生观察社会、了解社会、适应社会,以获取一定社会经验的教学活动,它更加关注的是学生的社会生活经历和实践学习体验;是思政课落实"立德树人"根本任务、培养担当民族复兴大任时代新人的客观要求和现实需要。

二、关于"思政小课堂"的理解

思政课有广义和狭义之分。广义上的思政课,指的是社会或社会群体用一定政治观点、道德规范,对其成员施加有目的、有计划、有组织的影响,使他们形成符合一定社会所要求的思想品德的社会实践活动。狭义的思政课一般指的是学校的思想政治理论课。从时间层面看,包括了大中小学的思政课;从空间层面看,包括了理论教学、实践教学、网络教学等;从具体的课程设置看,思政课在不同的学段、不同层次的学校又有着一定的区别。如,思政课是80后的"政治"课,是90后的"思想品德"课,是00后的"道德与法治"课。在过去很长的一段时间里,"道德与法治"与"马克思主义基本原理""毛泽东思想和中国特色社会主义理论体系概论""中国近现代史纲要"是大学思政课的必修课程。当前,"习近平新时代中国特色社会主义思想概论"也已经纳入思政课的范畴,成为新增加的一门思政必修课。那么,在"大思政课"的视域下,如何科学理解新时代的思政课?我们可以从习近平总书记在学校思想政治理论课教师座谈会上的讲话中找到答案。习近平总书记强调:推动思政课改革创新,要不断增强思政课的思想性、理论性和亲和力、针对性。他对思政课改革创新提出坚持八个"相统一"的要求:政治性和学理性相统一、价值性和知识性相统一、建设性和批判性相统一、理论性和实践性相统一、统一性和多样性相统一、主导性和主体性相统一、灌输性和启发性相统一、显性教育和隐性教育相统一。这八个"相统一"是对长期以来思政课建设经验的系统总结,进一步深化了对思想政治工作规律、思政课教育教学规律、青年学生成长规律等的认识,为不断提升思政课教育教学的系统化、科学化水平,与时俱进地推进思政课理念、思路、方法等的改革创新提供了基本遵循。

三、关于"社会大课堂"的理解

一般而言,"社会大课堂"指的就是社会。在我国的语言习惯中,我们一般会把传道授业解惑的地方称为校园课堂,把社会上磨炼品行的地方称为社会课堂。"大思政课"视域下的"社会大课堂"并不泛指整个社会,而指的是与教育教学紧密相关的、并且学生能够接触到的、与"思政小课堂"互为补充的社会。理解"社会大课堂",要树立大局观、系统观和实践观。

"大局观"指的是要立足于世界百年未有之大变局和中华民族伟大复兴战略全局,科学而理性地看待中国与世界发展变化的辩证关系,以宽广的视野洞察时代,融入大局,运用好政治"望远镜"和"显微镜"认识中国特色、进行国际比较,使"社会大课堂"真正成为学生成长成才、施展才华、激扬青春的时代大舞台。

"系统观"指的是"社会大课堂"是一个开放性的复杂系统,涉及政府、组织、社会、家庭、学校等不同类型的子系统,必须坚持"开门办思政课",凝聚多方力量,巩固学校教育主阵地、用好家庭浸染主抓手、畅通社会锻炼主渠道,统筹推进师生互动、家校社协同、线上线下融合,谋划整合好校内资源和校外资源,打造全员、全程、全方位的"社会大课堂"育人格局。

"实践观"指的是既要读万卷书,又要行万里路;既要读"有字之书",又要学会读"无字之书"。要坚持马克思主义的实践哲学观,教育和引导学生坚持"知行合一",走出学校,走进社会、了解社会、融入社会,带着问题思考参与实践,用实践验证理论,追溯理论之源,呈现实践魅力,在服务社会中增进人民情感、增加社会责任、增进家国情怀。①

对于"社会大课堂"与"思政小课堂"之间的关系,"社会大课堂"的"大"强调的是在"大社会"中为"小课堂"提供实践空间、实践平台、实践资源和实践场域。将"思政小课堂"与"社会大课堂"结合在一起,能够很好地将理论知识学习和社会实践教育有效地统一到思政课教学中,帮助学生在"知行合一"中领略和体悟马克思主义科学真理的理论魅力、实践指导力和现实解释力,实现感性认识到理性认识的飞跃。这不仅是思政课改革创新的现实需要,而且培养担当民族复兴重任时代新人的必然要求。

① 杨林香.准确把握社会大课堂的四个意蕴[EB/OL].光明网,https://share.gmw.cn/dangjian/2022−06/21/content_35825381.htm,[2022−06−21].

第二章

大思政课的出场逻辑、研究进展及前沿趋势分析

第一节　大思政课的出场逻辑

"大思政课"理念并不是凭空想象或者抽象演绎出来的,其产生和发展有着明确的历史、理论和实践逻辑。为此,研究"大思政课"首先需要准确把握"大思政课"的出场逻辑,这也是科学理解"大思政课"的育人理念、价值取向和实践要求,用好并善用"大思政课"的基础和前提。

一、理解大思政课的学科内涵

2021 年 3 月,习近平总书记在看望参加全国政协十三届四次会议的医药卫生界、教育界委员时指出:"思政课不仅应该在课堂上讲,也应该在社会生活中来讲。""'大思政课'我们要善用之,一定要跟现实结合起来。上思政课不能拿着文件宣读,没有生命、干巴巴的。"科学构建新时代"大思政课"格局,必须精准把握"大思政课"的出场逻辑和内涵特征:"大思政课"是立足当下经济社会发展的大背景、基于对青年学生的认知规律和接受特点、面向新时代思政课改革创新而提出的,更多体现出的是一个综合形象的概念表达。

(一)"大思政课"出场的历史逻辑

从课程产生和发展的内在规律来看,课程的产生和发展要符合社会发展、学生

成长和知识增长的综合要求,从而促进受教育者成为具有一定素质的人。① 对于思政课而言,思政课是在青年学生中宣传党的路线方针政策,传播国家主流意识形态,开展世界观、人生观、价值观教育的主渠道和主阵地,是学校思想政治教育最重要的环节。因此,作为面向学生开展思想政治教育的课程形态,思政课是落实"立德树人"根本任务的"关键课程",符合党和国家为党育人、为国育才的需要,符合青年学生身心成长的需求,符合课程发展的基本规律。"大思政课"在本质上是思政课,梳理思政课产生和发展的历程,能够更好地帮助我们把握"大思政课"的出场逻辑。参考和借鉴前人的研究,中华人民共和国成立以来,思政课建设大致经历了四个阶段:

1.新中国成立初期思政课整体建制的形成(1949—1978年)

1949年中华人民共和国成立以后,各个领域的工作都是百废待兴,教育系统也不例外。在社会主义建设的探索过程中,党和国家逐渐认识到思政课程的重要性并将其提高到较高的政治高度。比如,党和国家提出明确要求,"废除政治上的反动课程,开设新民主主义的政治课程;肃清封建的、买办的、法西斯主义的思想,发展为人民服务的思想"。② 为此,教育部确立开设"中国革命史""辩证唯物主义与历史唯物主义""马列主义基础""政治经济学"四门思政课程,这四门课程也被认为是我国思政课程的奠基课程,标志着我国思政课整体建制的形成。在这一阶段,思政课程也曾经受到严重的冲击和影响,教育部提出不能用政治课、政治运动、政治工作"三政合一"的办法削弱理论课,并且也确实起到了作用,一定程度上维护了思政课程的地位。

2.思政课在恢复和发展中进入"两课"时期(1978—2005年)

1978年,党的十一届三中全会召开,改革开放对社会主义现代化建设提出了新要求,思政课程成为社会主义现代化建设在精神层面的重要依托。在这一阶段有几个文件比较具有代表性。如1980年,教育部印发了《改进和加强高等学校马列主义课的试行办法》,提出要"着重联系我国社会主义现代化建设的实际和学生的思想实际",并且明确提出要将社会实践作为教学形式列入思政课教学活动;1985年8月,中共中央发布《关于改革学校思想品德和政治理论课程教学的通知》

---

① 廖哲勋.课程教学改革与教育思想建设[M].北京:人民教育出版社,2018:653.
② 骆郁廷.高校思想政治理论课程论[M].武汉:武汉大学出版社,2006:54.

（又称"85 方案"），正式将思想品德纳入思政课建设体系中，思政课建设从此进入"两课"阶段，这一文件在之后的二十年里起到了很好的指导性作用，"两课"成为思政课的代名词，引领了我国思想政治教育体系的不断健全和完善。

3. 基于"05 方案"的思政课建设进入成熟稳定（2005—2012 年）

随着"85 方案"的全面实施，思政课的课程体系和教学体系日趋完善。适应 21 世纪的新形势及思想政治工作的新要求，2005 年 3 月，中共中央宣传部、教育部联合印发了《〈关于进一步加强和改进高等学校思想政治理论课的意见〉实施方案》（简称"05 方案"），构建了覆盖专科、本科、研究生的思政课程新体系。其中规定专科必修开设 2 门思政必修课，本科必须开设 4 门思政必修课，并且要在规定的学段时间里完成既定的学时要求。除此之外，"05 方案"还就思政课的教材编写、教学研究、教师培训和学科建设等方面作出了明确规定，为进一步推动思政课教学改革、加强和改进大学生思想政治教育提供了政策遵循。[①] 这一文件对思政课建设具有划时代的意义，推动思政课建设逐渐趋于成熟和稳定。

4. 新时代思政课在改革创新中走向"大思政课"（2012 年至今）

在"05 方案"落实的几年中，思政课建设取得了可喜的成绩，同时也遇到了"瓶颈"，出现了一些问题，思政课改革进入了"深水区"。2012 年党的十八大召开以来，中国特色社会主义进入新时代。以习近平同志为核心的党中央面对世情、国情、党情的变化，从实现中华民族伟大复兴的战略高度，围绕思政课建设和思想政治教育工作提出了一些新理念、新论断、新要求，旨在打通思政课建设的"最后一公里"。如习近平总书记主持召开全国思政课教师座谈会、召开全国高校思想政治工作会议，出台《新时代高校思想政治理论课教学工作基本要求》《普通高校思想政治理论课建设体系创新计划》等系列文件，将思政课提高到落实"立德树人"根本任务"关键课程"的高度，在全社会营造出人人重视思政课、努力办好思政课的良好氛围，推动思政课建设走向高质量发展阶段，"大思政"应运而生。[②] 从思政课建设发展的逻辑不难看出，"大思政课"是在接续思政课改革创新的基础上提出的，体现了党和国家关于思政课建设的"破局之思"，彰显了"课堂革命"的"时代之责"。在这一过程中，思政课堂始终是不可替代的主阵地。

① 郭凤志. 高校思想政治理论课程建设研究［M］. 北京：北京师范大学出版社，2019：19.
② 张强军. "大思政课"的出场逻辑、比较优势与实践要求［J］. 大学教育科学，2023（2）：33—40.

（二）"大思政课"出场的理论逻辑

从理论逻辑来看，"大思政课"字面上的"大""思政""课"都具有特定的内涵。其中，"大"着眼于时空的拓展；"课"具体化为课程或课程体系；"思政"依然是其内核。为此，"大思政课"建设并不是要重新设立一门新课程，而是立足于当前国际国内"两个大局"的时代背景，围绕"以中国式现代化全面推进中华民族伟大复兴"的中心任务，面向培养担当民族复兴大任的时代新人的历史使命，在继续发挥思政课功能和作用基础上的守正创新。

1."大思政课"具有思政课的本质属性和功能

"大思政课"的"大"是相对于传统思政课而言的，是对传统思政课内涵的丰富和发展。相比于传统的思政课，"大思政课"更加注重的是课内课外的结合、校内校外的结合、线上线下的结合，强调的是大中小学思政课的"纵向贯通"，以及"思政小课堂"与"社会大课堂"的"横向融通"。当然，无论"大思政课"如何取其"大"，它在本质上首先是思政课，不是别的其他的什么课，更不是脱离思政课而另外开设的独立的课程，因而"大思政课"具有思政课的本质属性和功能，可以说是在思政课基础上的守正创新。

一方面，"大思政课"因其对思政课教学理念的拓展，进一步丰富了思政课教学的内容和形式，思想政治教育的属性更加强化了。在教学理念上，"大思政课"改变了传统思政课对教材和课堂的依赖。在教学内容方面强调"社会大课堂"教学内容的挖掘，在教学形式方面更加注重理论讲授、社会实践、情境体验等相结合；在教学内容和教学形式上更进了一步，更好地体现出思政课对学生知情意行教育的"大教学观"。

另一方面，"大思政课"因其对思政课教学时空的拓展，进一步活化了思政课的平台和资源，教师和学生在思政课中的获得感得到提升了。"大思政课"要求"思政小课堂"与"社会大课堂"结合，更加强调的是理论走进实践，在实践中深化和巩固对理论的理解。为此，社会实践平台和实践资源的挖掘、整合和利用至关重要，而如何将社会资源"活化"为思政课的教学资源更加重要，这里面就有一个聚集、整合、优化和融入的问题。在这一过程中，随着网络信息技术的发展，虚拟社会的产生和发展给思政课创新改革开拓了新的思路，同样也给"思政小课堂"与"社会大课堂"的结合提供了技术支持。[1] 当然，"大思政课"并未从根本上改变其思政课本质

---

[1] 曾令辉.科学把握"大思政课"的本质[N].中国教育报，2022—03—17(05).

属性和功能,其作为落实"立德树人"根本任务"关键课程"的地位没有变,其思想政治教育的功能和价值没有变。大思政课在新时代与时俱进,更好地增强思政课的吸引力和感染力,激发学生学习的积极性和主动性,从而更好地提高思政课的育人质量和实效。

2.思政始终是新时代"大思政课"的理论内核

"大思政课"在本质上是"思政课",不是其他的课程,在范畴上属于思想政治教育的范围,以落实"立德树人"为根本任务。在此,就涉及"如何立德""怎样树人"的问题。结合思政课的性质、功能和定位进行理解,"大思政课"体现出鲜明的政治性、思想性和指导性。

首先,"大思政课"的政治性。思政课的性质决定了政治性是其本质属性,这种基于"思政"的属性也自然是新时代"大思政课"的内在要求。面对世情、国情、党情的深刻变化,新时代的"大思政课"面临着更为复杂严峻的国际国内形势,肩负着实现中华民族伟大复兴的战略任务,承担着培养担当民族复兴重任时代新人的历史责任。如何更好地帮助学生坚定道路自信、理论自信、制度自信和文化自信,深刻领悟"两个确立"的决定性意义,坚决做到"两个维护",这也是"大思政课"政治性的体现。

其次,"大思政课"的思想性。思政课的"思政味"更多体现出的是思想性,就是要通过党的创新理论的宣传教育,帮助学生坚定共产主义的信仰,增强对中国特色社会主义的信念,增强对全面建成社会主义现代化强国、实现中华民族伟大复兴的信心。党的十八大以来,以习近平同志为核心的党中央带领全国各族人民在治国理政的实践中提出的新理念、新思想、新战略,形成的马克思主义中国化、时代化最新理论成果——习近平新时代中国特色社会主义思想,是新时代"大思政课"建设的指导思想和根本遵循。即坚持"知识性与价值性相统一"的思路,在教育和引导党的创新理论在进课堂、进教材、进学生头脑等方面下足功夫,让青年学生在学深悟透弄懂的同时,真正入脑入心入行。[①]

最后,"大思政课"的指导性。马克思主义关于理论和实践的辩证关系表明,理论来源于实践,同样对实践具有指导作用。思政课通过理论的宣传教育,在理论层面有针对性、系统性地教育学生正确认识时代大势和历史使命,引导学生要立大

---

① 王资博.新时代"大思政课"的涵义、特性与价值研析[J].中共南宁市委党校学报,2021(5):16－21.

志、明大德、担大任、成大事,积极投身社会主义现代化建设和中华民族复兴的伟大事业。"大思政课"对传统思政课的时空拓展,促进思政课向社会的延伸,更好地实现理论与实践的结合。这也要求思政课走进社会实践、走进生活。将课堂上学习到的创新理论,转化为科学的世界观和方法论,观察社会问题、解读社会现象、指导社会实践,增强改造世界的能力,真正锻炼成为担当民族复兴重任的时代新人。

(三)"大思政课"出场的实践逻辑

我国的思政课不仅肩负着宣传党的创新理论的政治使命,而且承载着培养时代新人的重要使命,称之为各个学段教育教学的"第一大课"毫不为过。然而,我们在看到思政课取得成绩的同时,也不能忽略了思政课仍然存在的一些问题。如部分思政课"配方"陈旧的问题、"包装"过时的问题、"工艺"粗糙的问题、"营销"滞后的问题、在思政课和学生之间建立了一道无形的"鸿沟",拉大了彼此之间的距离。"大思政课"既关注宏阔世界又重视学生需求,体现"大格局";既注重理论讲授又强调关注社会实践,体现"大时空";不仅突出了思政课的理论大课地位,而且更加凸显了思政课实践大课功能。①

1.作为理论大课,思政课的地位已经形成普遍共识

思政课在建设和发展的过程中,很好地发挥了思想政治教育主渠道和主阵地的作用,承载了"为人民服务,为中国共产党治国理政服务,为巩固和发展中国特色社会主义制度服务,为改革开放和社会主义现代化建设服务"的重大使命。随着中国特色社会主义进入新时代,时代的变化催生出新的使命和任务。"大思政课"的因时出场,进一步拓展了思政课的视野,凸显了思政课的格局,使得思政课真正肩负起"国之大者"的政治使命和为党育人、为国育才的教育使命。

2.作为实践大课,思政课仍处于"半推半就"的状态

思政课建设过程中一个普遍存在的问题是理论与实践的脱离,这也是很多学生认为思政课枯燥乏味的重要原因。近些年来,虽然思政课以实践教学为切入点加强了与社会实践的联系,但不可否认,很多设想和做法仍然存在"犹抱琵琶半遮面"的情形,实践教学改革依然在路上。"大思政课"作为"课"的特征要体现出对实践大课的强调与强化。具体地说,"大思政课"要求在教学内容上更加贴近现实、贴近实践,联系社会实际,切入社会热点,通过生动丰富的中国实践教育学生,更好地

---

① 张强军."大思政课"的出场逻辑、比较优势与实践要求[J].大学教育科学,2023(2):33—40.

实现理论知识与社会实践的结合,知识体系向信仰体系的转化;在教学场域上更加融入社会、融入生活,在潜心问道中关注社会实践,不仅读好"有字之书",而且读好"无字之书",在社会实践中印证和巩固理论知识,在社会实践中历练责任意识和担当品格;在教学活动中更加深入实践、做实实践。"大思政课"对"社会大课堂"的强调让社会成为思政课实实在在的活动阵地,特别是对于思政课的实践教学来说,借助社会平台和社会资源的教学活动使得思政课更加充满活力和感染力,更好地激发青年学生的学习动机和兴趣,更好地帮助青年学生在"知行合一"中求真、明理、悟道、践行,树立正确的世界观、人生观和价值观。①

二、科学把握大思政课的外延

(一)时空维度延伸拓展的边界性和相对性

"大思政课"的本质是思政课,故不能过分地强调其"大"而模糊了"大思政课"的外延和边界,这种"大"并非包罗万象的,而是相对的,有边界的。在概念解读和具体实践过程中,要避免两种错误倾向:一是"大而泛"的问题。"大思政课"之"大"是相对于传统思政课而言的,这种比较更多地体现在突破了思政课时空的局限,从课内向课外的延伸,从校内向校外的拓展,从线下向线上的迁移,有专家认为具体表现在三个方面:思政课教学中思政课程向课程思政的延伸与拓展;思政课教学中课堂内外、学校内外、线上线下的空间关联与互动;思政课教学中"大中小学思政一体化"的学段贯穿与融通。也就是说,无论是基于课程、空间或者是学段,"大思政"都是相对的,有着具体而稳定的实施范围,不能将其看作是一个"筐",什么都往里装,决不能脱离了思政课的本质和内涵而独立存在。② 二是"大而虚"的问题。"大思政课"作为"思政课"是为党和国家服务的,肩负着重大的政治责任,因此教育效果也必须是务实有效的。要通过"大思政课"建设,改变在有些人眼里对思政课的刻板印象。思想政治理论课程的特殊性质决定了其在教学内容、教学要求、教学目标等方面与其他课程的不同,重在对教育对象思想、观念、价值观等的影响,而这种教育效果很难在短时间内得以量化,显性的教学评价相对困难。即便如此,这决不能成为弱化、虚化思政课的"挡箭牌"或借口,其政治性、思想性、指导性的特征不容

---

① 王资博. 新时代"大思政课"的涵义、特性与价值研析[J]. 中共南宁市委党校学报,2021(5):16—21.
② 曾令辉. 科学把握"大思政课"的本质[N]. 中国教育报, 2022—03—17(05).

改变,因为这直接关系到思政课铸魂育人的本质规定性。因此我们可以认为,"大思政课"时空维度上的延伸拓展是对思政课的守正创新,具有一定的边界性和相对性。在具体实施"大思政课"的过程中,应该保持科学理性的态度,既不能过分地"夸大",也不能无端地"恐大",任何泛化或虚化的倾向都是对"大思政课"外延的误解。

(二)在差异性中体现出特殊的矛盾与规律

从大教学观的视角看问题,"大思政课"除了具备思政课的一般特性外,还具有自身的特殊性。如"大思政课"与思政课相比,有着特殊的矛盾与规律。如何理解"大思政课"这些特殊的矛盾和规律?

首先,正确认识"大思政课"教学的基本矛盾。从纵向时空来看,思政课贯穿于大中小学思政课的全过程,也正因其学段的不同,"大思政课"具有时空堵塞的矛盾;从横向时空来看,"思政小课堂"与"社会大课堂"分属于不同的场域,两者之间在教育供给方面存在着差异,也正因其场域的不同,"大思政课"具有时空壁垒的矛盾。

其次,科学理解"大思政课"的教学规律。"大思政课"的教学规律是由其自身的矛盾所决定的。对于纵向时空堵塞的矛盾,实质上是关于人的思想政治素质形成和培养的问题,与人的成长成才规律紧密相关。因为人的思想认知的变化有一个逐渐深化的过程,不可能一蹴而就。"大思政课"教学的基本遵循,要按照大中小学不同学段学生的认知规律,通过不同学段的思政课教学把理论讲清讲透,让不同学段的学生在思想素质和政治素质方面得到不断提升。对于横向时空壁垒的矛盾,实质上是思政课教学中理论联系实际的问题,与资源整合规律紧密相关。对思政课来讲,资源是无时无处不在的,特别是随着网络信息技术的发展,资源已经突破时空的限制,每个人都可以在网络上随时随地获取资源,这就涉及资源的有效整合。"大思政课"教学的基本要求,要按照"学生在哪里,思政课就应该在哪里,思想政治教育就要跟到哪里"的要求,坚持因时而进、因势而新,将思政课上到课堂上、上到社会中、上到网络上,这也是构建"大思政课"格局的客观要求。[①]

最后,"大思政课"与思政课相比,在差异中体现出特殊性,其特殊性又通过教学的矛盾和规律得以具体体现,可视为推动思政课高质量发展的基本遵循和实施依据。

---

① 曾令辉.科学把握"大思政课"的本质[N].中国教育报,2022—03—17(05).

三、厘清大思政课的几对关系

搞懂"大思政课"的内涵和外延是理解其概念的前提和基础,要想更加系统全面地把握"大思政课",有必要厘清三组概念相互之间的关系,即"大思政课"与"思政课"的关系;"大思政课"与"思想政治教育工作"的关系;"思政小课堂"与"社会大课堂"的关系。

（一）"大思政课"与"思政课"的关系

思政课不是单纯的理论课或者认知课,而是做人思想政治工作的课程,融政治性、思想性、学术性于一体,重在培养学生的政治认同、理论认同和情感认同,是落实"立德树人"根本任务的"关键课程"。"思政课"贯穿于大中小学各个学段的全过程,其涵盖的教学内容极具综合性和包容性。习近平总书记主持学校思想政治理论课教师座谈会时指出:"思政课教学涉及马克思主义哲学、政治经济学、科学社会主义,涉及经济、政治、文化、社会、生态文明和党的建设,涉及改革发展稳定、内政外交国防、治党治国治军,涉及党史、国史、改革开放史、社会主义发展史,涉及世界史、国际共运史,涉及世情、国情、党情、民情,等等。"[①]党和国家对思政课非常重视,对思政课的教学目标、课程设置、教材使用、教学组织等方面有着统一性的要求,但在具体落实方面倡导因地制宜、因材施教,结合不同学段、不同类型学校、不同群体学生的实际,把统一性要求落实落细、落到实处,支持和鼓励不同方法和路径的探索和实践。

"大思政课"是相对于传统思政课而言的,是对思政课的进一步延伸和拓展,归根到底仍然是思政课。相较于传统思政课本身规范化、精确化的教学内容要求,"大思政课"在坚持传统思政课教学要求的基础上,更加强调将教学场域拓展至社会空间,通过课程资源的转化、教学要素的整合和教学方式的变革,更好地完成思政课"立德树人"关键课程的任务。作为"课"的形态,"大思政课"在内容上包括但不限于党的创新理论、重大历史事件、社会实践资源、现实生活案例等教育教学内容,在形式上包括课堂讲授、实践教学、情境体验、社会服务等教育教学形式。从总体上来看,对这一对关系的梳理能够很好地解释"大思政课"何以为"大"的问题。[②]

---

① 习近平.思政课是落实立德树人根本任务的关键课程[J].求是,2021(17):4-16.
② 高国希.试论关于"大思政课"的几对范畴关系[J].马克思主义理论学科研究,2021(10):104-112.

（二）"大思政课"与"思想政治教育工作"的关系

思想政治教育工作虽然自古有之，但这一概念的形成却与共产主义运动有关。1920年，列宁在教育工作会议上提出"政治教育""政治教育工作"；1934年，斯大林在苏联十七大总结报告中提出"政治思想工作""思想工作"；1921年，中国共产党诞生以后，在很长的一段时间内使用的是"政治工作"这一概念；1945年，毛泽东在《论联合政府》中提出了"思想教育"的概念；之后，刘少奇于1951年在《党在宣传战线上的任务》中第一次提出"思想政治工作"的概念；1957年毛泽东在《关于正确处理人民内部矛盾的问题》中，对"思想政治工作"做了进一步的阐述，此后一直沿用"思想政治工作"这个概念。根据百度百科的概念解释：思想政治教育工作亦称思想工作或思想教育，它是一定的阶级和政治集团，为实现一定的政治目标，有目的地对人们施加意识形态的影响，以转变人们的思想和指导人们行动的社会行为。本书中的思想政治教育工作主要指的是与学校思想政治教育相关的、影响学生思想和行为的各种教育活动的统称。

根据思想政治教育工作的概念理解"大思政课"与思想政治教育工作的关系，两者既有区别又有联系。关于两者之间的区别，尽管"大思政课"在教育教学的内容、场域、资源及方式等方面具有整体性和系统性，但并不意味着其与思想政治教育工作是等同的，两者之间有着明确的区隔和界限。思想政治教育工作相比"大思政课"，其涵盖的范围、内容、方式、作用更为广泛。而"大思政课"从本质上属于思政课，课程的性质比较明显，不能一股脑地将一切思想政治教育工作都纳入"大思政课"的范畴，任何泛化或虚化其边界的认识都是错误的。关于两者之间的联系，两者都是思想政治教育的渠道和阵地，其教育对象都是人，都属于育人的范畴，都肩负着为党育人、为国育才的重任。此外，作为一种教育实践活动，学校思想政治教育工作的开展不仅要善用"大思政课"，而且要用好思政课之外的主体、场域、资源等，真正实现教育的目的和学校"三全育人"的目标。①

（三）"思政小课堂"与"社会大课堂"的关系

"大思政课"背景下"思政小课堂"与"社会大课堂"的结合，是我国思政课建设经验的系统总结，也是新时代思政课改革创新的现实需要。"思政小课堂"与"社会

---

① 燕连福. "大思政课"建设的基本内涵、历史回顾与未来着力点[J]. 高校马克思主义理论研究，2021（3）：119-130.

大课堂"的核心要义都是"课堂",两者统一于思政课的哲学基础,统一于"大思政课"的改革创新,统一于思政课"立德树人"根本任务的落实,统一于"为党育人、为国育才"的教育教学实践。但是,出于两者各自的基本特征,在"大思政课"建设中,"思政小课堂"偏重于理论认知教育,"社会大课堂"则侧重社会实践教育,在课堂特质、教学主体、内容、形式、目标等方面存在明显的不同,如表2-1所示。当然,考虑到两个课堂的联系,在具体实施过程中又互为补充、相互促进,共同支撑"大思政课"格局建设。一方面,"思政小课堂"是"社会大课堂"运行的前提和基础,"社会大课堂"通过实践活动与"思政小课堂"有机联动,其中实践教学是贯通"思政小课堂"与"社会大课堂"的中介和纽带。另一方面,"社会大课堂"因其时空拓展,为"思政小课堂"补齐环境短板、内容短板、形式短板,为"思政小课堂"提供源源不断鲜活的社会资源和素材,为"思政小课堂"提供必要的社会支撑力量。[①] 这样,"思政小课堂"与"社会大课堂"的结合,一定程度上打破了思想政治教育工作中学校教育与社会教育的"藩篱",将思政课教科书与社会这本"大书"融为一体,共同构建起学校教育与社会教育的"育人共同体"。总之,"大思政课"背景下"思政小课堂"与"社会大课堂"有效结合的过程,也是学校思想政治教育针对性和实效性不断强化和提高的过程。

表2-1　　　　　　　　　　　思政小课堂与社会大课堂的区别

类型 项目	思政小课堂	社会大课堂
课堂特质	偏向理论教学	多样化的实践活动
教育主体	学校教师	大师资理念,包括学校教师、教育工作者、社会思想政治工作者等多元主体
教学内容	统编教材为主	历史遗存、社会现象、实践热点、生活素材等丰富的教学资源
组织形式	班级建制为主	班级建制、个体分散、小组活动、团队协作等
教学目标	侧重于理论认知,相对明确	理论与实践的印证,具有隐匿性的特点,不容易准确评价

① 吴增礼,李亚芹. "大思政课"视域下"社会大课堂"的多维阐释[J].思想理论教育,2022(12):73-78.

第二节 大思政课的研究进展

本书研究选取中国知网(CNKI)中文期刊数据库,以"大思政课"为主题词进行检索,期刊来源类别设置为"全部期刊",时间设置为任意字段,检索日期为 2023 年8 月 1 日,共检索到期刊文献 453 篇,经筛选后除去文献综述、书评文献和不相关论文 6 篇,剩余的有效文献 447 篇,涵盖了自 2018 年至 2023 年期间,关于"大思政课"研究的主要成果。需要说明的是,考虑到"大思政课"提出的时间不长,研究的周期相对较短,为确保研究的系统性和完整性,在此选择"全部期刊"作为数据来源。另外,根据文献分析,以"大思政课"为主题的核心期刊文献不是很多,其中的中文社会科学引文索引(CSSCI)、中文核心期刊文献 158 篇。如果仅以核心期刊文献作为研究对象,文献数量明显过少,难免会降低了研究的完整性和系统性,进而会影响研究的信度和效度。

在研究方法上,研究选用可视化 CiteSpaceⅢ软件。CiteSpace 软件是应用 Java 语言开发的一款信息可视化软件,主要借助共引分析理论和寻径网络算法等,对特定领域文献进行计量,以探寻出学科领域演化的关键路径及知识转折点,并通过一系列可视化图谱的绘制,形成对学科演化潜在动力机制的分析和学科发展前沿的探测。[①] 28 研究中,通过对 CNKI 数据库提取的 447 篇期刊文献进行计量分析,绘制可视化知识图谱。知识图谱绘制严格循着如下程序和方法:将 CNKI 中文期刊数据库搜集的 447 篇文献,通过数据分析进行格式转化后,依次导入CiteSpaceⅢ软件,通过执行既定的操作和运行程序后,生成各种可视化知识图谱,探究大思政课研究涉及的时空分布、热点主题、关系脉络和研究趋势等。

一、大思政课研究的时空分布特征

(一)文献年度分布情况

从发文的时间来看,发文量的历时性变化反映了该研究主题的动态演进过程,如图 2-1 所示。最早的一篇文献是新疆大学马瑞发表在《新疆警察学院学报》上的文章《"大思政课"视域下雷锋精神融入高校大学生思想政治教育研究》。该文首

---

① 陈悦等.引文空间分析原理与应用 Citespace 实用指南[M].北京:科学出版社,2014:12.

次提出了"大思政课"的概念,并且在文中提出"大思政课打开了思政课的大天地",但并没有对"大思政课"做出明确界定,"大思政课"更多的如同文章标题中显示的,作为既定的研究背景来进行阐释。① 2020 年之后出现了明显的上升,2021 年之后呈直线上升的趋势。分析其中的原因,2021 年 3 月 6 日,习近平总书记看望参加全国政协会议的医药卫生界教育界委员的讲话引发了理论研究的关注,"'大思政课'我们要善用之,一定要跟现实结合起来。上思政课不能拿着文件宣读,没有生命、干巴巴的"。此后,教育部以及各个省份关于"大思政课"建设的一系列政策文件,则引导对这一问题的研究进入高潮。从 2022 年末至 2023 年初的发文情况来看,随着党的二十大精神的全面贯彻落实,以及大中小学思政课一体化共同体建设的深入推进,必将会进一步促进该领域的研究进展。

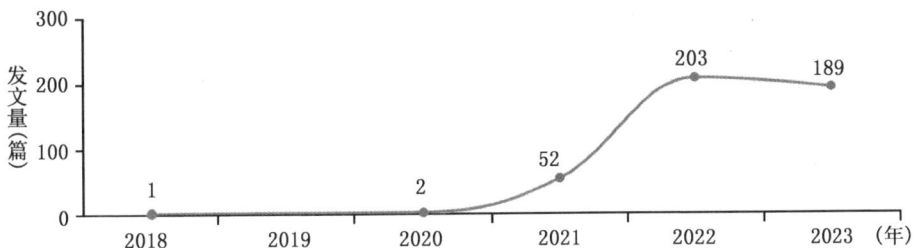

图 2—1　大思政课研究的时间分布

(二)期刊来源分布情况

期刊来源分布反映的是研究主题的分布领域。从 CNKI 中文期刊数据库中的主题发文情况来看,共有 249 种期刊,平均刊载论文 1.79 篇,有 30 种期刊发表论文数在 2 篇以上,发文情况比较分散,散见于政治学、教育学、社会学、管理学等各种学科期刊栏目中。其中,53 种核心期刊发文 158 篇,平均刊载论文 2.98 篇,发文情况相对集中。综合来看,发文量排名前 10 位的期刊,如表 2—2 所示。发文量最多的是《中学政治教学参考》,发文数量 26 篇。这些发文数量较多的期刊,大多是教育类的核心期刊,并且在其期刊栏目设置中设有思想政治教育专题。如深入学习领会和贯彻落实习近平总书记考察中国人民大学重要讲话精神、国家社科基金

---

① 马瑞."大思政课"视域下雷锋精神融入高校大学生思想政治教育研究[J].新疆警察学院学报,2018(4):4—9.

高校思政课研究专项成果展示、思想政治理论课教学、课堂内外—教育教学、课程建设、思政金课等。

表 2—2 大思政课研究文献发表排名前 10 的期刊

序号	期刊名称	发文数量	发文占比	备 注
1	中学政治教学参考	26	25.49%	核心期刊
2	思想理论教育导刊	16	15.69%	核心期刊
3	思想理论教育	15	14.71%	核心期刊
4	思想教育研究	12	11.76%	核心期刊
5	中国高等教育	11	10.78%	核心期刊
6	建筑结构	3	2.94%	核心期刊
7	河南师范大学学报(哲学社会科学版)	2	1.96%	核心期刊
8	中国矿业大学学报(社会科学版)	2	1.96%	核心期刊
9	马克思主义与现实	2	1.96%	核心期刊
10	教学与研究	2	1.96%	核心期刊

（三）研究机构分布情况

研究机构分布反映的是研究群体的地域分布。CNKI 文献数据统计显示,涉及"大思政课"研究的机构较多,其中发文数量排名靠前的研究机构,如表 2—3 所示。这些研究机构多为国内综合性重点高校的马克思主义学院,无论是发文数量,还是论文的下载量、被引频次都较高,也说明了这些机构已经形成了相对稳定的研究团队,具备了一定的研究基础和影响力。另外,值得注意的是,不同机构作者之间、不同专业作者之间的跨校、跨专业的合作研究正在成为一种新的发展趋势。

表 2—3 大思政课发文量排名前 10 的研究机构

序号	研究机构	发文数量	发文占比	总被引次数	篇均被引频次
1	北京联合大学	11	2.46%	33	3
2	武汉大学	9	2.01%	119	13.22
3	清华大学	7	1.57%	34	4.86
4	西安交通大学	7	1.57%	76	10.86
5	河南师范大学	7	1.57%	6	0.86

续表

序号	研究机构	发文数量	发文占比	总被引次数	篇均被引频次
6	中央财经大学	6	1.34%	47	7.83
7	复旦大学	5	1.11%	87	17.4
8	华东师范大学	5	1.11%	69	13.8
9	北京交通大学	5	1.11%	4	0.8
10	东北林业大学	5	1.11%	4	0.8

（四）核心作者分布情况

根据国际通行的普莱斯（Price）计算公式：$M = 0.749(\text{Nmax})^{1/2}$，$M$ 表示核心作者最低发文数，Nmax 表示发文最多的作者发文数。[1] 为确保分析的客观性，文章还将被引用频率纳入分析范围。[2] 通过文献数据的计算，得出 $M=1.08$。为此可以认为，核心作者的最低发文数量为 2，被引频次最低为 1。同时满足这两个条件的核心作者有 10 人，如表 2—4 所示。10 位核心作者发文 25 篇，占发文总量的 5.24%；总被引频次 230 次，占总被引频次的近 10%，发文数量和被引频次反映出这些核心作者在该领域的影响和贡献。其中，被引频次最高的是武汉大学的沈壮海，2021 年发表的《"大思政课"我们要善用之：思考与探索》，在不到 2 年的时间内，被引 93 次。[3]

表 2—4　　　　　　　　　大思政课研究核心作者分布

序号	作　者	研究机构	发文数量	被引频次	篇均被引量
1	楚国清	北京联合大学	3	30	10
2	刘水静	武汉大学	3	9	3
3	胡欣欣	武汉大学	3	9	3
4	张劲松	集美大学	3	9	3
5	马福运	河南师范大学	3	1	0.33
6	沈壮海	武汉大学	2	101	50.5

①　刘顺,胡涵锦,高玉林.近十年来中国马克思主义研究动向——基于五种马克思主义期刊（2005—2014）的计量分析[J].科学社会主义,2015(4):35—43.

②　洪波,杨柳.基于 CiteSpace 的我国意识形态知识图谱分析[J].马克思主义研究,2018(1):110—118.

③　沈壮海."大思政课"我们要善用之：思考与探索[J].思想政治教育研究,2021(3):26—30.

续表

序号	作 者	研究机构	发文数量	被引频次	篇均被引量
7	石书臣	上海师范大学	2	46	23
8	李蕉	清华大学	2	15	7.5
9	代玉启	浙江大学	2	8	4
10	张泽一	北京联合大学	2	2	1

二、大思政课研究的关键词共现图谱

在对期刊文献的分析中,关键词(Keywords)是对研究问题的高度概括。一般认为,研究热点的确定可以通过文献关键词共现情况进行分析。研究中通过对CNKI中文期刊数据库提取的447篇期刊文献,利用CiteSpaceⅢ软件完成数据转换和处理后,进行计量可视化分析,生成关于"大思政课"的关键词共现知识图谱,共得到47个关键词共现节点,如图2—2所示。

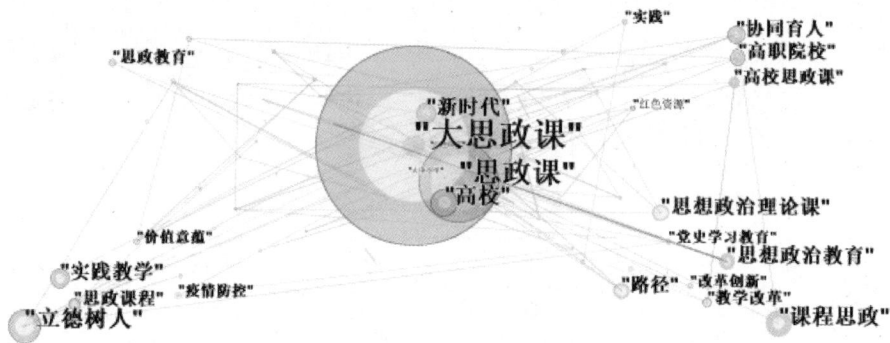

图2—2　大思政课研究文献的关键词共现知识图谱

图2—2中圆圈和字体大小代表关键词的共现和频次,节点之间的连线代表关键词的共现关系。其中,圆圈越大说明关键词出现的频次越高,字体越大说明关键词中心性越强,在共词网络中的影响越大,连线代表相互之间的结构关系。值得注意的是,由于研究的内容、层次和水平等存在差异,关键词共现频次与中心性的关系,并不是处于严格的正相关样态分布。因此,研究热点的确定,需要综合考虑关键词共现频次和中心性大小两个方面的因素。根据CitesPaceⅢ软件导出关键词

的频次、中心性等信息,并据此进行必要的预处理:剔除作者姓名等相关性不大的关键词 3 个,合并部分语义相近的关键词 5 个,完成以上操作后形成关键词信息列表,如表 2—5 所示。

表 2—5　　　　　　　　　大思政课研究中的高频关键词及中心性

关键词	频率	中心性	出现年份	关键词	频率	中心性	出现年份
大思政课	197	0.34	2018	改革创新	7	0.08	2022
思政课	79	0.28	2021	实践	7	0.03	2022
立德树人	33	0.13	2021	实践育人	6	0.03	2022
课程思政	28	0.08	2022	实践路径	6	0.06	2022
高校	26	0.25	2021	时代新人	6	0.02	2022
新时代	19	0.18	2021	大思政	6	0.06	2021
思想政治教育	18	0.01	2021	时代价值	5	0.01	2021
协同育人	17	0.13	2022	实践进路	5	0.02	2023
路径	17	0.07	2021	马克思主义	5	0.06	2021
高职院校	15	0.14	2022	现实困境	5	0.00	2023
课程思政	14	0.00	2019	价值	5	0.07	2022
思政课程	13	0.00	2019	社会大课堂	5	0.00	2022
高校思政课	13	0.01	2018	铸魂育人	5	0.00	2023
思政课程	12	0.13	2022	内涵	5	0.00	2022
高校思政课	12	0.03	2022	红色文化	5	0.00	2022
思政教育	9	0.04	2022	红色资源	4	0.10	2021
教学改革	9	0.10	2021	大学生	4	0.00	2023
疫情防控	8	0.07	2021	思政课教师	4	0.03	2022
党史学习教育	8	0.06	2021	实效性	4	0.00	2022
价值意蕴	8	0.09	2021	核心要义	4	0.02	2021

三、基于知识图谱的大思政课研究主题

根据图 2—2 和表 2—5 所示,除了大思政课、思政课、思想政治教育、立德树人等这些限定性的关键词,教学改革、课程思政、路径、实践、协同育人等关键词的共

现频次比较高,一定程度上反映出"大思政课"研究中重点关注的问题。为更好地把握大思政课的研究内容,根据关键词共现知识图谱、关键词的中心性及其相互关系,同时对研究文献进行二次阅读分析,并把高频关键词进行主题分类,进一步聚类成几个主题,大致可以分为四类:第一类是大思政课的价值意义(关键词:立德树人、新时代、价值、时代价值、价值意蕴、铸魂育人、实践育人等);第二类是大思政课的科学内涵(关键词:思政课、思政课程、思想政治理论课、思政教育、社会大课堂等);第三类是大思政课的建设路径(关键词:教学改革、实践教学、路径、实践、实践路径、创新路径、劳动教育等);第四类是大思政课的建设经验(关键词:疫情防控、党史学习教育、红色资源、红色文化、志愿服务等)。

(一)大思政课的价值意义

立德树人是高校的灵魂和使命,高校落实立德树人根本任务,必须将价值塑造、知识传授和能力培养三者融为一体、不可割裂。"大思政课"建设,就是要寓价值观引导于知识传授和能力培养之中,全面提高人才培养质量。根据 CNKI 文献分析可知,2018 年以来,关于大思政课的研究从价值意义的分析开始,对其价值的探讨主要着眼于"大思政课"之于"立德树人"根本任务的落实、三全育人教育模式的推动、高校协同育人质量的提升等方面。沈壮海(2021)认为,"大思政课"是面向全党全社会提出的一项明确要求,只有围绕落实"立德树人"根本任务,把宏大的时代、鲜活的实践、生动的现实所蕴含的丰富育人元素挖掘出来、整合起来、运用开来,才能打造出高质量的"大思政课";李蕉(2022)提出,"大思政课"之"大"在于通过研判历史方位的大视野,来推进思政教育的大体系,使"思政小课堂"与高等教育大改革相联通,与中国社会的大课堂相结合,切实成为立意高、格局大的"大思政课"。①

(二)大思政课的科学内涵

在思想政治教育工作中,思政课程是主渠道、主阵地,具有不可替代性。作为一类课程,本身也存在一定的学科边界和教育局限。"大思政课"理念的提出在一定程度上弥补了思政课程"单兵作战"的窘境,适应了培养民族复兴大任现实新人的时代要求。根据文献分析,关于"大思政课"科学内涵的探讨主要集中在"大"与"思政课"等方面,其本质上是"思政课"。现有文献对其科学内涵的探讨,解释的视

---

① 李蕉."大思政课"的历史方位与理论定位[J].思想理论教育期刊,2022(9).

角主要有课程观、理念观、方法观等。高国希(2021)探讨了"大思政课"的几对范畴关系:思政课与"大思政课"的关系、满足发展需求与培育时代新人之间的关系、知识与价值的关系、内化与外化的关系、显性与隐性的关系、思想与行动的关系。石书臣(2022)认为,"大思政课"本质上是要围绕思政课进行改革创新,"大思政课"要在"大"上做文章,"大思政课"的要义在于把"思政小课堂"与"社会大课堂"相结合。①

(三)大思政课的建设路径

在"大思政课"建设中,要把教学改革作为最重要的工作,努力实现"思政小课堂"与"社会大课堂"的结合。通过对现有文献的分析,关于"大思政课"建设路径的探讨是显性热点,其中又以"路径""实践路径""实践进路""社会大课堂"等关键词体现出来,提出的路径涉及"大思政课"建设的原则方法、借助信息化手段、创新教学改革、强化实践教学、挖掘红色资源、提升思政课教师能力等。宫长瑞和张乃亮(2022)探讨了人工智能赋能"大思政课"的育人图景和实践策略;蒲清平和黄媛媛(2023)提出,"立足培育时代新人的新发展阶段,要以系统思维的新发展理念,坚持整体性、协同性、开放性、适应性原则,构建系统整合、要素耦合、资源聚合、系统拟合的'大思政课'建设新格局"。②

(四)大思政的建设经验

2021年以来,随着习近平总书记关于"大思政课,我们要善用之"的重要讲话,以及《全面推进"大思政课"建设的工作方案》等关于大思政课建设政策文件的陆续出台,"大思政课"建设逐渐成为高校实践探索的热点聚焦。通过对共现频次较高的关键词进行分析,各个学校基于落实党的二十大精神的"大思政课"建设、基于疫情防控的"大思政课"建设、基于党史学习教育的"大思政课"建设、基于志愿服务的"大思政课"建设、基于科学家精神的"大思政课"建设,在探索的过程中逐渐形成了一些典型经验,在教学改革和育人实践中形成了一些特色做法。陈世阳等(2022)基于北京体育大学的实践探索,论证了"六位一体"的"大思政课"建设模式;曾佑惠(2023)分析了重庆市璧山区探索构建"433"模式,开辟"大思政课"建设新路径。

---

① 石书臣.深刻把握"大思政课"的本质要求[J].马克思主义理论学科研究,2022(7).
② 蒲清平,黄媛媛.系统论视域下"大思政课"建设的理论意蕴与实践进路[J].思想理论教育导刊,2023(3);

第三节 大思政课研究的前沿趋势

一、大思政课研究热点的演进情况

时区图谱能够清晰地展示文献的更新和相互影响,更好地呈现某一研究领域不同时间段的演进情况。在 CiteSpaceⅢ中,将所有的节点定位在一个横轴为时间的二维坐标中,根据首次被引用的时间,节点被设置在不同的时区中,所处位置随着时间轴依次向上。因而一个从左到右、自下而上的知识演进图就直观地展示出来了。① 在此项研究中,同样以 CNKI 提取的 447 篇期刊文献为研究对象,时间区间设置为任意字段,时间间隔设置为 1 年,同时选取每年前 10 位的文献,经过数据处理后生成"大思政课"的关键词共现时区图谱,如图 2-3 所示。

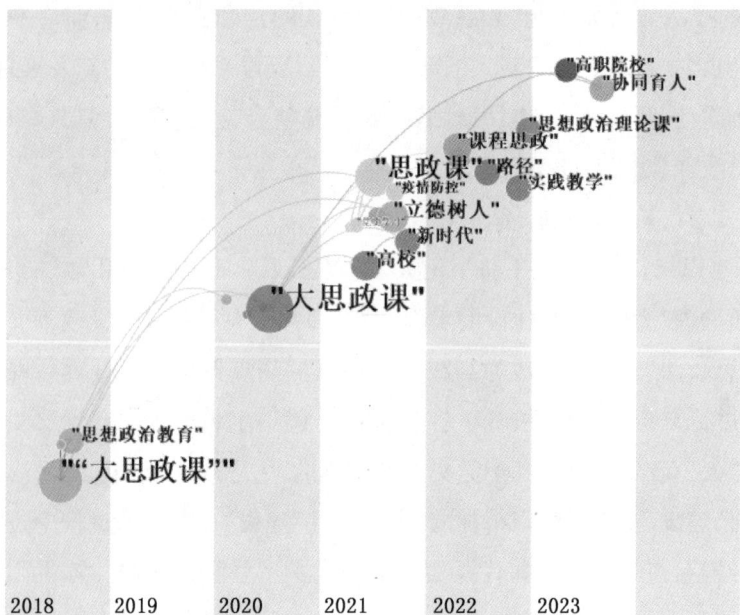

图 2-3　大思政课研究文献的关键词共现时区图谱

---

① 陈悦等.引文空间分析原理与应用 Citespace 实用指南[M].北京:科学出版社,2014:77.

图 2—3 显示的时区图谱,不仅从时间维度反映出研究热点的演进情况,而且能够帮助我们更好地了解热点关键词在不同时区的分布特点,从整体上把握"大思政课"研究的动态特征。当然,如图 2—3 呈现出的关键词年度分布区间,大思政课研究在不同的时间段呈现出不同的研究前沿。比如,2021 年开始,关于疫情防控与"大思政课"的关联研究呈现出明显的增长趋势;2022 年以来,关于"大思政课"背景下,思政课的实践教学研究再度成为学界关注的热点话题。当然,通过时区图谱不难看出,在这一研究过程中,有一条主线始终贯穿其中,即基于"立德树人—大思政课—教学改革"的路径探索。

二、大思政课研究的发展趋势分析

为更好地掌握领域前沿,研究进一步利用 CiteSpaceⅢ的关键词突现性检测功能,此功能析出的突现动态关键词,更加适合探测和分析研究中突然出现的变化和趋势。为此,借助 CiteSpaceⅢ软件中的 burst detection 算法,生成"大思政课"研究的前沿热点图谱,如图 2—4 所示。

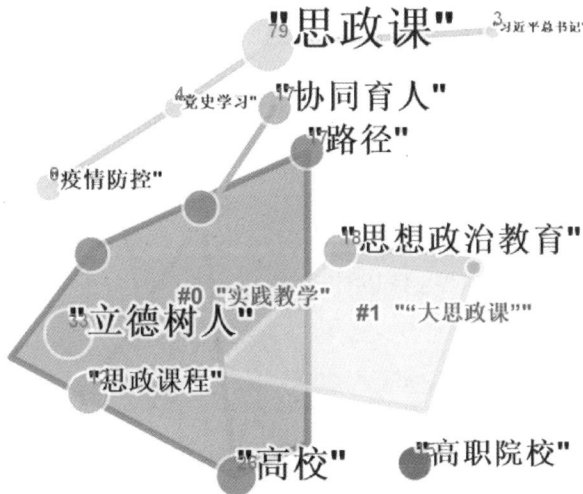

图 2—4 大思政课研究文献的关键词前沿热点图谱

在图谱生成的过程中,设置阈值为 10,共得到 11 个突现关键词,除去高校、高职院校、立德树人等限定性的关键词,其余 8 个关键词基本代表了"大思政课"研究的最新前沿。图中的圆圈大小代表了突现值的大小,圆圈越大,说明该关键词的突现程度越高。由此可见,该领域的研究前沿趋势是实践教学,与之相关的关键词主要有:思政课、思政课程、思想政治教育、协同育人、路径、疫情防控、党史学习、习近平总书记重要讲话精神。根据相互之间的逻辑和结构关系,可以进一步探讨"大思政课"研究的前沿及趋势。

(一)基于大思政课背景的思政课实践教学改革依然是研究热点

在图2-4中,"实践教学"是主要的突现关键词,说明目前学界重点关注研究的是实践教学。大思政课建设的一个基本要求是"思政小课堂"与"社会大课堂"的结合,实践教学是非常重要的中介环节。在全国各个领域都在追求高质量发展的大环境下,大思政课也有着高质量发展的需求。而如何将大思政课的高质量发展落到实处,基于实践教学的思政课教学改革是主要的切入点和突破口。从思政课整体发展来看,要明确如何结合思政课铸魂育人的要求、青年学生的成长特点等,实现"思政小课堂"的社会延伸,找准"思政小课堂"与"社会大课堂"的契合点、着力点和融合点;从思政课各门课程的特点来看,对社会场域、社会平台、社会资源的结合度存在差异,也需要具体问题具体分析,不能笼统地一概而论;随着信息技术的发展,人工智能、区块链等新技术在课程教学中的应用,思政课实践教学向虚拟空间的时空拓展也正在引发热议;以实践教学为基础的思政课教学场景转换、教学资源库建设、教师队伍建设等也需要持续关注。这些都将成为今后很长一段时间内影响思政课实践教学改革走向的重要问题。

(二)挖掘和利用红色文化资源推进大思政课建设路径受到关注

党的二十大报告指出:"弘扬以伟大建党精神为源头的中国共产党人精神谱系,用好红色资源,深入开展社会主义核心价值观宣传教育,深化爱国主义、集体主义、社会主义教育,着力培养担当民族复兴大任的时代新人。"充分挖掘和利用红色文化资源,是"传承红色基因,赓续红色血脉"的要求,也是增强思政课立德树人效果、讲好新时代"大思政课"的重要路径。[①] 回顾党的百年历史,中国共产党在带领全国各族人民革命、建设和改革的过程中,遗留了大量的红色文化资源,这些资源以遗址、遗迹、博物馆、展览馆等形式存在,本身是思政课的宝贵财富。近年来,随着党史学习教育、习近平新时代中国特色社会主义思想主题教育等的开展,各地更

① 许玉久、赵彩萍. 融入红色资源推进新时代"大思政课"建设[N]. 中国青年报,2023-06-27(009).

加注重对地方红色文化资源的挖掘和利用,这也为"社会大课堂"注入了不竭的源头活水,为丰富思政课教学内容、延伸思政课教学空间、创新思政课教学模式提供了新的思路和抓手。① 于是我们看到,以习近平新时代中国特色社会主义思想为指导,借助党史等红色文化资源推进"大思政课"建设的研究增长明显。基于红色文化资源的高校(包括高职院校)的"大课堂""大平台""大师资""大格局"等也受到学界普遍关注。

(三)大思政课背景下思政课程与课程思政的协同研究引发思考

课程思政与思政课程的本质内涵都是"立德树人",都是思想政治教育的内在要求。在一定程度上可以认为,课程思政理念的发展,将"大思政课"建设又向前推进了一步,同时也为思想政治教育拓宽了新的思路。2016 年,全国高校思想政治工作会议召开以来,课程思政作为大中小学的一项重点工作得到全面推进,在与思政课程协同育人方面取得了一定的成效,但是在认识理念、育人方式等方面还存在一些不足,需要树立"大视野"、汇聚"大资源"、筑牢"大阵地",从而更好地推动课程思政育人工作的全面提质增效。与之相对应的是,关键词前沿热点分析显示,课程思政如何助力"大思政课"建设,已然成为学界研究的前沿热点。如在"大思政课"建设背景下,融入疫情防控、党史学习等。科学阐释思政课程与课程思政的辩证关系,系统梳理思政课程与课程思政协同育人,推进思想政治教育多渠道、多元化等方面的创新路径。在这一研究过程中,有学者指出,在"大思政课"建设的背景下,基于"协同、融合、创新"的理念,遵循思想政治教育工作规律、教书育人规律、学生认知规律等开展协同研究,做到合目的性、合规律性和合必然性的统一,成为一种必然,更成为一种必需。

(四)协同推进大思政课高质量建设的工作机制将成为新的指向

2022 年 7 月,教育部等十部门联合印发《全面推进"大思政课"建设的工作方案》,提出要坚持开门办思政课,强化问题意识、突出实践导向,充分调动全社会力量和资源,建设"大课堂"、搭建"大平台"、建好"大师资",旨在以"大思政课"建设为抓手,持续推动思政课和思想政治教育高质量发展,教育引导学生坚定"四个自信",成为堪当民族复兴大任的时代新人。根据图 2—4 可知,关键词热点突现依然集中在"立德树人""思政课""思想政治教育"等,并且具有不断扩大的趋势。现有

---

① 赵雅璇.大思政课视域下红色资源赋能"社会大课堂"的实践探析[J].高教学刊,2023(9):60—64.

关于"大思政课"建设的研究,侧重于具体的建设理念、建设路径、建设方式等的理论和实践探索,其中也是理论思辨多于实践总结,并未形成常态化、长效性的工作机制,实践探索基础上的体制机制研究相对缺乏。有研究认为,"大思政课"建设也有一个高质量发展的问题,其中涉及多维时空、多元主体、多种资源的整合,需要构建协同机制来有效推动。① 这实际上是对现有路径研究和实践探索更高要求的"集成",具体化为一种可推广应用的经验模式或一些务实可行的体制机制,这是促使"大思政课"建设形成"共识思考"的关键。其中,着眼于"大思政课"协同机制建设,如何树立协同育人的新理念、如何打造协同育人共同体、如何健全协同育人制度体系等,这些都是"大思政课"高质量发展亟待解决的问题。② 对于这些问题的研究成效,将直接关系到"大思政课"育人作用的发挥、立德树人根本任务的落实,以及担当民族复兴重任的时代新人的培养。

---

① 石书臣,韩笑."大思政课"协同机制建设:问题与策略[J].思想理论教育.2022(6):71—76.
② 闫长丽,刘福军."大思政课"协同机制构建探析[J].北京教育(德育),2022(12):38—43.

第三章

思政小课堂与社会大课堂深度结合的必要性论证

第一节 两个课堂深度结合的应然性理论要求

"大思政课"社会拓展的一个重要表现是"思政小课堂"与"社会大课堂"的结合。从大教学观的视角来看,两者的结合既是需要的也是必要的。其必要性的理论基础主要涉及马克思主义实践哲学观、思想道德形成发展规律,以及教育资源的系统化整合等。

一、马克思主义实践哲学观

(一)马克思主义的实践本质论

从实践哲学的产生和发展来看,实践哲学是与理论哲学联系在一起的。实践哲学最早产生于古希腊时期,产生之初并没有引起广泛关注,在很长时间内处在理论哲学的阴影之下。究其原因,既有古希腊崇尚理论思辨的传统有关,也与实践哲学本身缺乏人文科学基础,没有自己的理论体系有关,这种状况直到 18 世纪才有了根本性的改观。受到欧洲文艺复兴等的影响,实践哲学在历史哲学等研究基础上构建起了属于自己的哲学理性。19 世纪 40 年代,马克思主义哲学产生于欧洲,其产生之初也多多少少地受到了西方文化传统和历史哲学的影响。^① 在马克思主义看来,实践的观点是首要的和基本的观点,也是马克思主义哲学的基本出发点。认真梳理马克思主义实践哲学观的建构,1843年,马克思在《〈黑格尔法哲学批判〉导言》中对青年黑格尔的思想进行了批判,提出:哲学是世界现实生活的产物,是理论的代表,哲学这种理论与现实的关系问题,应该成为需要解决的首要问题之一。在1846年成稿的《德意志意识形态》中,马克思和恩格斯对理论与现实的关系问题进行了进一步的思考。之后在《1844年经济学哲学手稿》中,马克思认为理论有时相互之间是对立的,解决这种对立的办法只能通过实践。在《关于费尔巴哈的提纲》中,马克思则进一步指出,人的思维是否遵从客观的规律,是否具有真理性,这本身并不是一个理论的问题,而是一个实践的问题。^② 由此可见,马克思在批判和继承前人的理论的基础上,将实践视为人们改造客观世界的对象化活动,人们也正是在这些对象化活动中,形成一定的社会关系,而人的全部社会生活在本质上是实践的。以此为基础,马克思将实践引入认识论领域,成为与认识、理论和真理对应的范畴。也就是说,这将是一个从感性认识到理性认识的过程。即人们在非对象化的社会实践中形成客观世界的感性材料,经过去粗取精、去伪存真的处理,最终得到相对成熟稳定的理性认识。为此,毛泽东同志有过精辟的论述:认识从实践开始,经过实践活动获得的理论认识,还必须回到实践中去。由此形成了"实践——认识——再实践——再认识"循环往复的过程,这也是一个发现真理、检验真理、发展真理的过程。^③

(二)从实践本质论看两个课堂的结合

思政课教学本身就是一种实践,并非直接生产产品的物质实践,而是塑造人的精神世界的实践。如果从马克思主义实践哲学高度来看思政课教学,可以从以下三个方面进行理解。

(1)思政课教学内容来源于实践,需要到实践中得到印证、深化和巩固。人们在社会实践中的所见、所感、所为等的感受和体验,对他们的思维、认识、价值观等都有着非常重要的影响。因此,在开展思政教学活动的中,除了宣传党的创新理

① 何萍. 中国马克思主义实践哲学研究的当代价值——以中国理性思维方式的建构为主线[J]. 哲学动态. 2020(9):5—15.
② 李宁. 浅谈马克思主义实践哲学及其现实意义[J]. 学理论,2014(4):80—81.
③ 何益忠,周嘉楠. 思政课实践教学:概念辨析与体系创新[J]. 中国高等教育,2020(6):17—19.

论外,还应该引导学生走进更为重要的社会实践活动,其中实践教学是主要的中介环节。在"思政小课堂"与"社会大课堂"的结合中,设置合理的教学目标以及有效的社会参与是两个必要环节,即教师要深入把握思政课教学的目标和任务,准确把握思政课教学的知识目标、能力目标和素质(思政)目标,科学设置和安排符合教学目标和需要的实践教学主题,据此采取灵活有效的教学方法和手段开展教学,这样可以避免为了实践而实践的情况发生。

(2)思政课教学实践活动形成了一定的社会关系,这些社会关系涉及教师与学生、学校与社会等。在思政课的课堂教学中,教学内容大多是间接经验,教师通过概念解读、理论阐释、逻辑推理等方式传授给学生,让学生被动接受和认同。在这一过程中,"思政小课堂"与"社会大课堂"的结合显得尤为重要。学校可以借助"社会大课堂"中丰富的社会资源,带领学生进入历史和现实的社会情境中,在社会实践中亲身感受和检验理论的真理性,切实做到理论内化于心、外化于行。[1]

(3)思政课教学的目标不能仅停留在理论层面,而是需要到实践中去转化和运用,落实到全面建设社会主义现代化国家、实现中华民族伟大复兴的具体行动中。[2]"思政小课堂"与"社会大课堂"的结合,就要是解决一定程度上存在的理论与实际相脱节的问题,打通理论联系实践的"最后一公里"。通过社会实践空间的拓展,在丰富感性认识、检验理性认识的同时,帮助学生坚定科学的信仰和信念,树立正确的世界观、价值观和人生观。

二、思想道德形成发展规律

(一)思想道德形成的社会适应律

北宋政治家司马光在《资治通鉴》里分析智伯无德而亡时写道:"才德全尽谓之圣人,才德兼亡谓之愚人,德胜才谓之君子,才胜德谓之小人。"20 世纪出生于德国的著名科学家阿尔伯特·爱因斯坦对于人的发展讲过这样一段话:"用专业知识教育人是不够的。通过专业教育,他可以成为一种有用的机器,但是不能成为一个和谐发展的人。要使人对价值有所理解并且产生热烈的感情,那是最基本的。他必

---

① 沈步珍,罗锐.马克思主义实践观对高校思政课实践教学模式建构的启示[J].学校党建与思想教育,2021(14):62－64.

② 何益忠,周嘉楠.思政课实践教学:概念辨析与体系创新[J].中国高等教育,2020(6):17－19.

须获得对美和道德上的辨别力。否则,他连同他的专业知识就更像一只受过很好训练的狗,而不像一个和谐发展的人。"[①]所谓思想道德,一般指的是体现在个体身上相对稳定的思想观念、价值认知和行为习惯等的统称。在人的所有素质中,思想道德素质是最重要的,直接或间接地影响着人的行为的目的和方向,对人的成长和发展起着决定性的作用。

马克思主义认为,人的本质是一切社会关系的总和。正因如此,人的思想品德的形成必然遵循着社会适应律,具体包括了内部自洽的适应和外部相融的适应两个方面。其中,内部自洽的适应主要是指个体经历矛盾的思想斗争后建立起对思想道德发自内心的认同感,这种适应更多的是个体内在的适应过程,具有内隐性的特点。外部相融的适应主要指的是个体对所处的外部环境的积极适应,个体思想道德认知与行为在社会环境中实现相融,并最终在社会实践中得到体现和运用,具有外显性的特点。为此,个体的思想道德形成和发展受到社会环境的影响和社会规范的制约,并与社会的发展保持适度的平衡,个体就在内化和外化的多级转化中构建其动态平衡的思想道德体系。[②]

需要说明的是,社会环境和社会实践活动在个体思想道德形成和发展中起到非常重要的作用。一方面,社会环境不仅是个体思想道德形成和发展的载体。个体社会认知能力的形成是个体思想道德形成的前提和基础,而社会环境和社会实践活动是个体认知能力形成的天然场域。另一方面,社会环境的改变会在一定程度上引发个体思想道德的改变,这种改变可能是正向的,也可能是负面的。因为矛盾、发展和变化是社会发展的常态,这种影响之于个体思想道德的发展也是长期的、持久的,往往会伴随思想道德形成和发展的始终。[③]

(二)从社会适应律看两个课堂的结合

根据思想道德形成的社会适应律,学生思想道德的形成和发展并不是个体单一内在的思想矛盾运动的过程,而是将社会的思想道德要求转化为自身的内在需要,并且通过行为实践反作用于社会的这样一个内化和外化有机统一的过程。也就是说,个体只有正确地认识"我是谁",才能明晰"我应该怎么做"的思想道德需

---

① 爱因斯坦. 爱因斯坦文集(第三卷)[M]. 北京:商务印书馆,1979:310.
② 王易. 试论思想品德的形成规律[J]. 教学与研究,2012(9):61—67.
③ 闫晓萍,王立仁. 谈个体思想品德形成发展的规律[J]. 教育探索,2013(10):112—113.

要,也才能根据一定的规范和原则开展社会实践活动,表现出思想道德行为。

　　思想道德的形成并非是"单线性"的,这可以结合不同学段的思想政治教育进行理解。在大中小学的每一个学段都开设思政课,开展思想政治教育活动,都会形成特定阶段的道德认知、情感、态度和价值观,并通过思想道德行为、习惯等社会实践活动表现出来,这仅仅表明思想道德教育的阶段性成果,学生的思想道德有了一定的发展,而这又会成为下一个阶段思想道德教育的基础,由此不断向前,这是一个螺旋式上升的过程。

　　从社会适应律看两个课堂的结合,我们更容易认识到"社会大课堂"之于学生思想道德外化的价值和意义。在对学生的思想政治教育中,我们一直强调"立德树人","思政小课堂"作为落实"立德树人"的关键课程,对党的创新理论的宣传和教育,有助于帮助学生认知、情感、价值观等的内化,也即内部自洽的适应,在一定程度上对学生思想道德的形成起到了至关重要的作用。但是,有一个不容忽视的问题,就是关于学生思想道德外化缺失的问题,于是我们也就不难理解学校中出现的诸如"精致的利己主义者"等群体现象。如果说"思政小课堂"解决了学生思想道德形成的"上半篇文章",那么"社会大课堂"的开展能够更好地写好"下半篇文章"。因为我们知道,学生能否顺利的内化和外化不仅受到个体内在的影响,更重要的是受到所处社会环境和社会实践活动的影响。

　　学生通过"思政小课堂"形成的道德认知,在现实的社会环境中不能相融,找不到印证或支持的依据,甚至得到的是负面的信息,那么学生内化的过程就会遭遇困境。学生通过"思政小课堂"形成的道德认知,在现实的社会环境中很容易就能找到支持的依据,或者在社会实践活动中收获到正面的肯定、表扬等,那么学生内化的过程就会比较顺利。与之相关联的是,学生思想道德内化向外化的转化也同样受到社会环境和社会实践活动的影响,任何思想道德行为都是在特定的时间、地点和情境下实现的,当缺乏相融性的环境或条件时,外化也是难以进行的。[①] "社会大课堂"因其对社会时空的拓展和社会资源的整合,为学生思想道德内化和外化搭建起了"桥梁"。

---

① 褚海萍.大学生思想品德形成发展的规律探析[J].山西高等学校社会科学学报,2012(2):84—86.

三、教育资源的系统化整合

(一)资源整合的就同位规律

"资源整合"是管理学的一个名词,指的是企业战略调整的手段,也是企业经营管理的日常工作。整合就是要优化资源配置,就是要有进有退、有取有舍,就是要获得整体的最优。在战略思维的层面上,资源整合是系统论的思维方式,就是要通过组织协调,把企业内部彼此相关但却又彼此分离的职能、企业外部既参与共同的使命又拥有独立经济利益的合作伙伴整合成一个为客户服务的系统,取得"1+1大于2"的效果。在战术选择的层面上,资源整合是优化配置的决策,就是要根据企业的发展战略和市场需求对有关的资源进行重新配置,以凸显企业的核心竞争力,并寻求资源配置与客户需求的最佳结合点,目的是要通过组织制度安排和管理运作协调来增强企业的竞争优势,提高客户服务水平。

同位整合是资源整合的一个衍生概念,指的是区位相似的各方合作几率问题。根据同位整合的理解,整合主体价值取向是整合的思想基础,有了思想认同只是整合的初级阶段,在整合过程中,彼此都获得新的发展机会,这是整合的目的。同时,整合是调整的过程,调整是系统自适应的过程,同位整合后,因为各项匹配指标兼容性都较为一致,适应成本不高。这种资源整合的规律成为社会的一种普遍现象,也有人称之为资源整合的就同位规律。

(二)从就同位规律看两个课堂的结合

我们将企业管理中的资源整合理论和资源整合的就同位规律引入教育领域,从跨学科的视角看"思政小课堂"与"社会大课堂"的结合,可以帮助我们更好地理解两者之间结合的目的、结合的基础、结合过程中的资源优化配置等问题。一直以来,"立德树人"是教育的根本任务。党的十八大首次将"立德树人"写入党代会报告。之后,习近平总书记在不同的场合阐述"立德树人"之于人才培养的重要性,并将其作为培养社会主义建设者和接班人的基本要求。2018年,习近平总书记在全国教育大会上指出:"要把立德树人融入思想道德教育、文化知识教育、社会实践教育各环节,贯穿基础教育、职业教育、高等教育各领域,学科体系、教学体系、教材体系、管理体系要围绕这个目标来设计,教师要围绕这个目标来教,学生要围绕这个目标来学。凡是不利于实现这个目标的做法都要坚决改过来。"

在教育实践中,落实"立德树人"这一教育的根本任务,应该是全方位、多主体、多领域的。"思政小课堂"和"社会大课堂"作为两种渠道、两个阵地,本身占有着丰富的教育资源,这就需要两者之间的资源优化和整合,既需要学校层面依托"思政小课堂"的贯彻落实,也需要家庭、社会等借助"社会大课堂"的支持配合。这样,围绕"立德树人"的根本任务,以"思政小课堂"为中心,把课内课外、校内校外的不同育人主体和资源整合到一起,在形成育人合力方面具有了内在的统一性。① 其中,"社会大课堂"需要理论的引领和积极力量的推动,"思政小课堂"离不开社会环境和社会活动的实践支撑。② 实际上,马克思主义关于理论联系实际中的"实际",就主要蕴含在"社会大课堂"。可以说,如果没有了"社会大课堂"的实践支持,"思政小课堂"就可能会成为"无源之水",就失去了检验真理的天然阵地,其教育效果必然会大打折扣。③ 换句话说,缺少了"思政小课堂"的科学指引,"社会大课堂"容易迷失方向;离开了"社会大课堂"的资源,"思政小课堂"缺乏生机活力。

当然,"思政小课堂"和"社会大课堂"分属于不同的教育系统,各自形成了独特的教育生态,其对教育资源的供需自然也有着不同的要求,其结合的过程也必然会存在一定的差异和矛盾,矛盾化解的过程也正是教育同位整合的过程。因此,在两个课堂资源整合的过程中,应该坚持"适应、适宜、适用"的原则,既不能拘泥于"思政小课堂",也不能无原则地利用"社会大课堂"的一切资源,坚决克服那种"为了结合而结合"的做法,盲目地生拉硬拽非但不能形成合力,反而会适得其反。

第二节　两个课堂深度结合的实然性现实诉求

"思政小课堂"与"社会大课堂"的结合,是落实"立德树人"根本任务的要求,是培养担当民族复兴重任时代新人的需要,是思政课建设经验的系统总结,也是新时代思政课改革创新的需要。"大思政课"的提出,为两个课堂的结合提供了遵循、指明了方向。在这一结合的过程中,从"大思政课"的视角重新审视"思政小课堂"的建设状况,是为了更好地促进两个课堂的深度结合。

① 蓝波涛,覃杨杨. 构建大思政课协同育人格局:价值、问题与对策[J]. 教学与研究,2022(2):92－100.
② 何益忠. 论思政小课堂同社会大课堂结合的价值意蕴和实践路径[J]. 思想理论教育,2020(10):71－75.
③ 王碧波. 高校思政小课堂同社会大课堂结合的内在逻辑及实现路径[J]. 高校辅导员,2020(1):64－68.

一、思政小课堂的问题呈现:假装学习的视角

(一)课堂革命与"假装学习"问题的提出

习近平总书记在全国高校思政工作会议讲话中强调:教师要把更多的时间和精力投入课堂教学中,……用好课堂教学这个主渠道。[①] 回顾思政课教学改革可以追溯到1993年的高等教育改革。之后,为更好地落实马克思主义中国化理论成果的"三进"工作,切实发挥思政课主渠道、主阵地作用,教育部党组又陆续发布了一系列指导性文件,其中比较有代表性的就是"98方案"和"05方案"。特别是"05方案"的发布,在课程设置、教材建设、教学方式方法、课堂教学组织形式等方面都与时俱进,作出了明确的规定,被认为是思政课建设"黄金十年"里程碑式的文件。"05方案"实施以来,依托逐步健全的马克思主义学科专业建设,在思政课教师的共同努力下,思政课建设渐趋好。然而,教育部组织的思政课教学调研提醒我们,在总体向好的同时,也存在着一些潜隐的问题。如课堂教学弱化的问题,理论讲授不深不透的问题,教学方法常规老套的问题,理论脱离实际的问题等,一定程度上偏离了思政课的定位和初衷。

2017年,为全面落实思政工作会议精神,提高思政课教学质量和水平,教育部党组将这一年确定为"思政课教学质量年",并相应地发布了《高校思想政治理论课教学质量年专项工作总体方案》等文件。与此同时,由200多位领导、专家、学者组成的"豪华阵容",分赴全国各地开展了一场前所未有的"地毯式"大调研。据统计,此次调研活动共深入全国2 516所学校,走进3 000个思政课堂,30 000名学生参与调研,形成被认为是史上最全面的思政课"诊断报告"。同时,根据对3 000堂课程的调查,专家对思政课教学质量平均打分82.3分,86.6%的学生表示非常喜欢或比较喜欢上思政课,91.8%的学生表示非常喜欢或比较喜欢思政课老师,91.3%的学生表示在思政课上有所收获。"2018年2月27日,《中国教育报》头版发布思政课教学质量年专项工作述评,认为思政课正在经历一场华丽蜕变,成为当之无愧、名副其实的"第一课"。当然,报告中也谈到,思政课教学质量和水平的提升是一项

---

① 习近平. 把思想政治工作贯穿教育教学全过程 开创我国高等教育事业发展新局面[N]. 人民日报,2016－12－09(001).

复杂的系统工程,当前的思政课依然存在一些薄弱的环节和待解的问题。①

面对新时代,如何让思政课堂教学因时而进、因势而新,做到更加的"有章有法""有知有味""有趣有料",切实提高学生的"获得感""幸福感""成就感"?构建全员全过程全方位育人格局,打通思政育人"最后一千米",培养担当民族复兴大任的时代新人,可以说思政课义不容辞、责无旁贷。

带着这些问题,本书选择江苏省某高校开展质性调查研究。对象学校是一所省属公办全日制高校,现有在校学生超过 10 000 人,专任教师超过 500 人。学校设有独立的二级机构——马克思主义学院,具有一定的代表性。思政课程设置为公共必修课,授课对象为在校学生。根据学情分析,这些学生理论基础和理论思维相对较弱,排斥单纯理论灌输,但是作为伴随互联网成长起来的"00 后",他们思维活跃,崇尚个性和创新,喜欢师生互动交流,喜欢通过信息化的手段来获取知识。调研期间,间接参与了一部分的教学管理工作。结合观摩课、示范课、随堂听课等机会,对思政课堂教学进行了多轮次的现场观察,并及时与授课教师进行沟通交流。此外,通过多次深入课堂反复观察的方式,有针对性地观察了教师对学生的判断、教师的课堂管理以及学生的课堂反应等问题,以此更加准确地分析思政课存在的主要问题及典型表现。②

(二)课堂规训与"假装学习"现象的产生

互联网技术是一把"双刃剑",在提供给学生更加便捷地获取知识的渠道的同时,学生对互联网的依赖性也越来越大。在与思政课老师的交谈中,出现频次比较高的话是:自从学校实现了无线网络的全覆盖,信息技术教学平台可以更好地运用于课堂教学设计,学生参与课堂教学互动的积极性和主动性普遍提高。但是,也带来一种新的问题,"课堂刷手机"等问题屡禁不止。有数据统计,超过八成的大学生存在不同程度的手机依赖,平均每天使用手机超过 5 小时。可以说,课堂上玩手机现象已成为高校普遍存在的一个问题。为此我们借助思政课堂随机进行了抽样问卷调查和访谈,有 67% 的大学生在课堂上玩手机。时长 45 分钟的课学生平均用于玩手机的时间为 11.8 分钟,其中聊天、打游戏、看电子书、刷社交媒体是学生在课

---

① 焦以璇.思政课堂 点亮青年信仰——高校思政课教学质量年专项工作述评[N].中国教育报,2018—02—27(01).

② 桑雷.思政课堂学生"假装学习"现象与教师情绪管理与应对[J].内蒙古师范大学学报(教育科学版),2019(6):27—31.

堂上经常进行的活动。由此可见,上课玩手机现象已严重影响到了正常的课堂教学秩序。

正如当代著名社会学家齐格蒙特·鲍曼(Zygmunt Bauman)在《个体化的社会》中讲的那样:"秩序和混乱是孪生儿,秩序是非混乱,而混乱乃无秩序。"[1]学校是学生接受教育的场所,学生在规定的时间到规定的地点接受既定的教育是学校对学生的基本要求。面对课堂出现的新问题,学校领导和老师形成共识,认为在做好信息化课堂教学改革、增强课堂吸引力的同时,必须加强制度规训和课堂管控。于是,学校主要采取了两个方面的措施:一是强化制度管理上的纪律规范。为提高课堂教学质量,学校尤其重视对学生的规范化管理,专门成立了教学学风督导办公室,并制定了一系列配套的规章制度,实行职能部门牵头、二级院系协同配合的两级管理,每天轮流进行课堂秩序巡查,定期通报巡查结果,实现对课堂教学的严密管理。二是突出环境管控中的全景敞视。

"全景敞视"是法国哲学家、社会思想家福柯(Foucault)在《规训与惩罚》中创造的政治学新术语。在福柯看来,全景敞视就是全程监控,它是一种改善权力运作的功能机制,它能使权力运作变得更加便捷、更加迅速、更加有效。对于课堂管理来讲,如果没有监管,制度最终也只会成为一纸空文。可以说,现代技术的发展为"监视"提供了便利,自动化监视手段的运用让监视无处不在。学校在智慧校园建设的过程中,建有现代化可视化的课堂教学管理中心,实现所有教室360度视频监控。如果有需要,校领导、部门负责人、教务处等职能部门可以在不在场的情况下进行全方位监控,产生"不在场的在场"。这实际上就是一种"全景敞视",也就是福柯所谓的"中心瞭望塔"。领导和督导能观看教学中发生的一切但不能被看到,相反,课堂教学中的师生可被看到但不知道何时会发生。于是,掌握了监视权的领导和督导站在中心"瞭望塔"的监视一切,并通过偶尔的公开奖惩不断强化权威执行来增强监控的有效性。

在学校规训不断加强的情况下,教师对课堂要求也不断提高。课堂观察发现,几乎所有的思政课教师都遵循着课前点名、课中强化、课后提醒的教学程序,教师强调课堂纪律的频次为每堂课2~3次,言语反复提醒是教师最常用的手段。就这样,在不断的规训强化下,思政课堂教学秩序明显好转,玩手机现象已基本绝迹。

---

① 周宪.文化现代性精粹读本[M].北京:中国人民大学出版社 ,2006:98.

访谈中,教师纷纷表示,课堂教学秩序的改善有助于教学"幸福感"的提升。

然而,当我们对学情进行观察后却意外发现,一种比秩序混乱更可怕的现象在有些课堂悄然出现,我们暂且称之为"假装学习",可以说这是一种学生表演的新变种,在课堂教学中表现为"假装投入""假装合作""假装领会""假装满足"等,除去表象参与学习的外衣,似乎一切都与学习质量提升毫无关系。[①] 通过有针对性的学生跟踪调查,我们也了解了部分学生"假装"的动机,比较典型的有:"面对继续升学和就业的双重压力,上思政课主要是根据教学进度完成必需的学习任务,履行作为学生的职责""上思政课单纯是为了迎合老师,目的就是不挂科,毕业时顺利获得学分拿到毕业证""我从小就对思政课学习毫无兴趣,没有学习的欲望,然而老师上课又比较严格,我能做的就是配合老师无奈地神游""我中学时思政课是小科,从中学起就对思政课有了偏见,现在又不是专业课,感觉学不学对自己专业发展影响不大,所以没有参与的热情"等。可以说,假装学习让人忧心忡忡,学生一旦养成了类似"假装学习"的习惯,开启假装状态并在学生之间蔓延,思政课的课堂学习就可能成为空耗时间的"表演",思政课教学质量的提升无疑会成为空话。[②]

二、思政小课堂的问题剖析:社会支持的视角

(一)提升思政课教学质量的课堂管理因素

回到原生态的思政课堂教学,面对学生的"假装学习",教师普遍认为严重影响到了自己的授课情绪。一位有着 30 多年教龄的思政课教师谈道:以前学生在课堂上刷手机确实对教学秩序有着很大的干扰,虽然教师课前都要求学生把手机调为震动或静音,但总会有手机铃声此起彼伏响起的情况,不但会扰乱正常的课堂秩序,而且会打断教师的讲课思路。现在,教学环境改善了,教学手段先进了,学生刷手机的少了,但是当教师在讲台上饶有兴致地讲解党的创新理论,看到一个个学生神情呆滞、表情木讷甚至愁容满面的样子,看上去好似在抬头听讲,交流起来却"一问三不知",甚至讲到什么地方都是云里雾里,同样会产生一种强烈的失落感和挫败感,也会直接影响到接下来课堂授课的积极情绪。

---

① 何捷.更可怕的"假装学习"[J].内蒙古教育,2016(12):12.
② 桑雷.思政课堂学生"假装学习"现象与教师情绪管理与应对[J].内蒙古师范大学学报(教育科学版),2019(6):27—31.

古希腊哲学家亚里士多德（Aristotle）曾经说过，面对激烈的情绪反应，若想发怒，必须"选择正确的对象，把握正确的程度，明确正当的目的，并运用正确的方式"。[①] 56 耶鲁大学心理学教授彼得·沙洛维（Peter Salovey）和约翰·梅尔（John Mayer）通过进一步的研究，把这种自我控制和管理情绪的能力称为"情绪智力"。在调研中我们也了解到，针对思政课堂上学生的"假装学习"，思政课教师的"情绪智力"也各不相同。一位经验丰富的教师采用的方式是转移注意力，每当看到部分学生"集体游离"，她会选择穿插一些故事、案例、视频等，从另一个方面重新引起学生注意；有着多年教学经验的老师认为对于这种情况早已习以为常，每当遇到这种情况都会自我暗示，通过不定时地与学生的互动交流来教育和引导学生集中注意力；一位性格直率的青年教师，她比较在意学生在课堂上的情绪反应，每当遇到这种情况都会进行适当的情绪表达，确保始终保持课堂教学的压迫感；一位性格相对内向的青年教师，几乎在每次课的讲解过程中都会多次强调课堂纪律，他认为这种办法是课堂教学的一部分，强调完之后会继续将课堂讲授进行到底。经过我们长期的观察，转移注意力、自我暗示、适当宣泄、自我安慰基本涵盖了当前学校思政课教师课堂教学情绪管理的四种主要的方式。[②]

在调研中，我们还有意识地进行了"广角"研究，将视角拓宽到更广的层面。通过深入细致的观察和对学校领导、部门负责人和思政课教师的针对性访谈了解到：学校为激发思政课堂教学活力、提高思政课教学质量，切实让学生感受到"获得感"，实施了包括教学环境改善、教学方法改革、拓展教学空间等在内的一揽子"教育干预"计划，并且也取得了一定的效果。

（二）提升思政课教学质量的社会支持因素

对于思政课上"假装学习"现象产生的深层次原因，笔者在教育调研中发现：一是社会因素。传统社会思维中的思政课"枯燥""晦涩""乏味"等思想一直存在，学生还没有上课之前就形成了一些刻板印象，认为思政课就是纯理论课，与社会实际和日常生活关联不大，学起来"没意思"。因此，思政课理论教育很重要，而面向社会时空拓展的"实践教学"同样重要。二是教师因素：思政课在高校的定位为公共

[①] 吕青倩，罗增让. 论教师的情绪调节和课堂管理[J]. 教师教育论坛，2016(1):73.

[②] 桑雷. 思政课堂学生"假装学习"现象与教师情绪管理与应对[J]. 内蒙古师范大学学报（教育科学版），2019(6):27—31.

基础课，考核方式通常为考查，即便考试也属于难度不大的期末理论测试。个别教师教学理念落后、教学方法陈旧、教学内容更新不及时等问题，导致部分学生对思政课没有引起足够的重视。教育部《新时代高校思想政治理论课教学工作基本要求》对教学方法、考核方式、评价机制等的明确规定有助于帮助教师消解这些难题。三是学生因素：部分学生"重专业课、轻基础课"思维习惯一定程度上弱化了对思政课重要性的认识，需要结合社会实践教学、网络实践教学等，打造真正的思政金课，增强思政课对学生的吸引力和影响力。

总之，无论是社会因素、教师因素还是学生因素，实际上是某些思政课的供给与学生需求不一致的问题，教师"教"的局限性与学生"学"的开放性存在着一定的矛盾，理论与实践并未很好地结合到一起。虽然有着实践教学，但是实践教学的开展在很多学校还是形式大于内容，并未引起足够的重视。学生学习的积极性和主动性没有被充分地调动起来，进而产生了"课堂沉默"的现象。社会是由生物与环境形成的关系总和，人类的生产、消费、娱乐、政治、经济、文化、教育等，都属于社会活动范畴，人们的社会行为也都属于社会范畴，其中蕴含着无限的教育载体和教育资源。"大思政课"要求"思政小课堂"的社会时空拓展，将思政课放到社会广阔的时空载体和丰富的教育资源中去，让理论真正走进实践，让实践成为深化和巩固理论的空间场域，借此激发思政课教学的活力，真正体现出思政课"关键课程"的地位和作用。

三、社会大课堂的有机联动：教育互补的逻辑

理论与实践的统一，是马克思主义的一个最基本原则。把握理论与实践的关系时，一方面要牢牢把握住理论来源于实践，必须经受实践的检验，并不断在实践中与时俱进；另一方面，也要注重从实践中得来、经过实践的不断验证后证明正确的理论对实践的指导和引领价值。如马克思曾经指出："人应该在实践中证明自己思维的真理性。"毛泽东同志强调："理论与实践要统一，理论与实践的统一是马克思主义的基本原则。"习近平总书记对于思政课建设"八个相统一"的要求就包括了理论性和实践性相统一。也就是说，思政课建设，理论与实践同样重要，"大思政课"的提出更加突出了这一点。当然，对于思政课来讲，"思政小课堂"与"社会大课堂"各有其侧重点，有着各自的优势和不足，这就需要两个课堂之间的"教育互补"。

所谓互补,就是将一个整体分成几个部分,那么这几个部分之间存在着互补关系,在数、量、集合中都能体现。互补理论强调同一事物中的不同元素之间的相互支持、相互补充、共同促进的一种和谐关系。当然,互补性是有条件的,不是绝对的,能否实现互补吸引还要看它们是由哪些要素构成的,因为互补性的实现在很大程度上将取决于要素整合的程度。对于"思政小课堂"与"社会大课堂"的结合,就是要充分发挥好各自的优势和长处,相互之间取长补短,更好地体现出"大思政课"的特点和要求。

(一)"思政小课堂"对"社会大课堂"的理论引领

从广义上进行理解,社会大课堂就是纷繁复杂的社会生活。在社会生活中,人的实践活动并"不限于生产活动一种形式,还有多种其他的形式,阶级斗争,政治生活,科学和艺术的活动等,总之社会实际生活的一切领域都是社会的人所参加的。"①可以说,社会生活是丰富的、生动的、具体的,但同时又是多元的、复杂的、难以捉摸的,我们不能简单随意地将"社会大课堂"搬进"思政小课堂",必须实现"社会大课堂"同"思政小课堂"的结合。

1."社会大课堂"需要"思政小课堂"提供理论指导

由于"社会大课堂"是多元复杂的,"社会大课堂"的实践活动必须以科学的理论作为指导,否则置身其中容易茫然无措、无所适从。在"大思政课"的视域下,发挥"社会大课堂"的作用,就是要使各类实践置于思政课的理论指导下,赋予其思想政治教育的功能和作用。

"思政小课堂"在理论层面通过系统的课程设置、科学的内容安排,把党的创新理论贯穿于思想政治教育的全过程,为"社会大课堂"中的各种实践活动提供理论指导,使其不致在多元复杂的"社会大课堂"中偏离方向或陷入迷茫。② 在实践层面,"思政小课堂"以实践教学的形式,以丰富多彩的社会生活为舞台,以物质生产实践为依托,以丰富和深化感性认识、检验和巩固理性认识为重点,教育和引导青年学生坚定马克思主义信仰、坚定共产主义远大理想和中国特色社会主义共同理想,树立正确的世界观、人生观、价值观。③ 因此,无论是理论层面的指导还是实践

① 毛泽东选集(第1卷)[M].北京:人民出版社,1991:283.

② 王碧波.高校思政小课堂同社会大课堂结合的内在逻辑及实现路径[J].高校辅导员,2020(1):64-68.

③ 何益忠,周嘉楠.思政课实践教学:概念辨析与体系创新[J].中国高等教育,2020(6):17-18.

层面的指引,都要求思政课不能无原则地放任社会实践活动的开展,必须使"社会大课堂"的社会实践活动具有"思政味",体现出政治性、思想性、理论性的教学要求,成为"大思政课"不可或缺的一部分。

2."社会大课堂"需要"思政小课堂"提供价值引领

由于社会存在的多样性,"社会大课堂"中充斥着各种各样的思想观念、价值理念、利益诉求等,其中有正义的、科学的、合理的、健康的,也不乏有非正义的、不科学的、不合理的、不健康的,并非"存在即合理"。人生于社会、长于社会,在本质上是一切社会关系的总和,人的思想、观念、意识甚至价值观都或多或少会受到社会环境的影响。对于"社会大课堂"中存在的多元价值观,既不能全部肯定也不能完全否定,必须形成正确的世界观和方法论。[①] 这就需要在马克思主义指导下,坚持用马克思主义中国化、时代化的最新理论成果,去分析"社会大课堂"存在的多元价值,搞清楚不同价值观存在的价值和意义。

思政课是落实"立德树人"根本任务的"关键课程",是社会主义核心价值观教育的核心课程,思政课建设要求坚持政治性和学理性的统一,坚持价值性和知识性的统一。"思政小课堂"最大的特点和优势就是理论的宣传教育,在加强理论知识传授的同时,帮助学生形成科学的世界观和方法论,掌握马克思主义的立场、观点和方法。因此,"思政小课堂"对于"社会大课堂"的重要作用,就是在多元复杂的"社会大课堂"中发挥好正面价值引领的作用,帮助学生正确分析和研判社会活动和多元价值,透过现象看本质,确立正确的社会认知方法和价值判断标准,进而树立起共产主义的远大理想和中国特色社会主义的共同理想,自觉认同和践行社会主义核心价值观,成为"社会大课堂"的积极参与者和建设者。

3."社会大课堂"需要"思政小课堂"提供推动力量

马克思指出:"批判的武器当然不能代替武器的批判,物质力量只能用物质力量来摧毁;但是,理论一经掌握群众,也会变成物质力量。"[②]人们在认识和改造世界的实践过程中,理论会对实践有反作用,推动着实践的不断向前发展。如在我国革命、改革和建设的实践中,马克思主义以及马克思主义中国化、时代化的最新理论成果作为指导思想,可以说起到了决定性的作用。

---

① 何益忠.论思政小课堂同社会大课堂结合的价值意蕴和实践路径[J].思想理论教育,2020(10):71—75.
② 马克思恩格斯选集(第1卷)[M].北京:人民出版社,1972:9.

在社会实践系统中,"社会大课堂"处于这一系统之中,是整个社会大系统不可分割的组成部分,难免会受到来自其他各种因素的影响,必然也存在着自身完善和发展的问题。"思政小课堂"的理论体系涉及政治、经济、文化、社会、生态等不同的方面,这些理论来源于对实践问题的回应,同样也是对新的实践最好的指导。不仅能够科学合理地分析和解读"社会大课堂"中出现的社会问题、社会现象、实践活动等,而且能够运用马克思主义理论武装头脑,发挥师生在两个课堂中的纽带作用,为"社会大课堂"源源不断输送能量、提供动力,推动"社会大课堂"在理论与实践的结合中不断发展和完善,保证与"思政小课堂"的有机联动,共同促进"大思政课"的高质量发展。

(二)"社会大课堂"对"思政小课堂"的实践支撑

"思政小课堂"的侧重点是理论讲解,理论性是其基本特性。一般而言,思政课的教学内容以马克思主义理论为主,在不同的学段和不同的课程中涉及党史、新中国史、改革开放史和社会主义发展史等。而无论是马克思主义理论还是马克思主义中国化时代化的理论成果,包括毛泽东思想、邓小平理论、"三个代表"重要思想、科学发展观、习近平新时代中国特色社会主义思想等,都不是对实践的直接反映,而是实践经验的高度概括和抽象表达。因此,"思政小课堂"存在一定的短板,理论的抽象性与实践的直观性之间难以建立起直接的联系,由此导致了一定程度上存在的"理论脱离实际"的问题。"社会大课堂"能够将具体、生动的社会实践与理论讲解更加紧密地结合在一起,使思政课教学更加具有针对性和现实性,在实践中验证理论真理性的同时,提高学生的主动性和参与感。"社会大课堂"存在的这些优势,正好可以克服"思政小课堂"的不足。[①] 具体表现为回应时代关切、验证理论成果和补齐实践短板三个方面。

1."思政小课堂"需要"社会大课堂"回应时代关切

法国社会学家爱米尔·涂尔干(Emile Durkheim)认为,教育的重要功能之一在于塑造"社会我",通过年轻一代的系统社会化过程,使特定群体中的个体具有其全体成员必须具备的某些身心状况,而实现这一功能的正是整个社会以及居于其中的特定环境和具体实践。在"大思政课"的视域下,"思政小课堂"更多的是用学

---

① 何益忠. 论思政小课堂同社会大课堂结合的价值意蕴和实践路径[J]. 思想理论教育,2020(10):71—75.

术讲政治,用理论阐释政治,承担着思想政治教育主渠道和主阵地的作用。根据马克思主义实践哲学的基本观点,理论的生命力恰恰在于其实践指导性,无论什么样的理论,无论持什么样的政治立场,最终都要应用到社会实践中去,到社会实践中去检验,在社会实践中体现出价值和意义。

当前,我国正在快速走向中华民族伟大复兴的新征程,在以习近平同志为核心的党中央的正确领导下,提出了一系列新思想、新理念、新战略,据此在政治、经济、文化、社会等各个领域开展了卓有成效的社会主义现代化建设实践,这是一项既需要理论指导又需要实践探索的系统化工程。一方面,青年学生要回应时代关切。进入新发展阶段,面对新发展形势,青年学生需要更加全面准确地理解这些新思想、新理念、新战略,更加深刻地认识社会各个领域取得的巨大成就,更加坚定对中国特色社会主义的道路自信、理论自信、制度自信和文化自信,需要积极投身"社会大课堂"。另一方面,青年学生要回应时代发展需求。习近平总书记在不同的场合多次讲到:"时间之河川流不息,每一代青年都有自己的际遇和机缘,都要在自己所处的时代条件下谋划人生、创造历史。"青年学生是中国特色社会主义的建设者和接班人,肩负着全面建设社会主义现代化强国、实现中华民族伟大复兴的历史重任,只有将"思政小课堂"上学习到的理论知识转化成为国家、为人民服务的自觉行动,将个人理想融入奔腾不息的时代洪流,将个人奋斗置身于日新月异的社会实践,才能更好地彰显"强国一代"的责任和担当,而这都需要积极投身"社会大课堂"。

2."思政小课堂"需要"社会大课堂"验证理论成果

思政课教学具有政治性、理论性、系统性等特点,教学内容涉及政治、经济、文化等不同的领域,理论体系非常丰富,而且理论的更新速度比较快。我们仅就《习近平新时代中国特色社会主义思想概论》为例,十七章的内容从"新时代坚持和发展中国特色社会主义"到"全面从严治党",几乎涵盖了马克思主义中国化时代化最新理论成果的所有内容,其理论的包容性和开放性一览无余。严格意义上来讲,"思政小课堂"的教学主要依托的是马克思主义理论统编教材,而由于篇目、篇幅等的限制,教材大多简化了理论生成的背景、逻辑演进等过程性的内容,呈现出来的都是成型的理论阐释和基本结论,精炼且抽象。客观地说,教师通过"思政小课堂",在相对有限的时间内,把所有的重难点问题都讲清讲透比较困难,再加上网络信息技术的发展,海量的网络资源夹杂着对各种理论的变相解读,给思政课教学带来了前所未有的挑战。因此有"思政课成了最难讲的一门课"一说。不可否认,很多时候学生在思政课堂上学习的理论知识是抽象的,存在着"似懂非懂""半知半解"的情形,这个时候让不同类型的学生在同等条件下的接受,不仅考验教师的理论解释能力,更重要的是理论联系实际,深入社会发展的前沿阵地,审视社会发展的成就与问题,明晰社会发展中各个领域和各种要素"变"与"不变"的理念与逻辑,把"思政小课堂"所学理论知识放到"社会大课堂"中,用鲜活的社会实践活动、现实生活体验等去印证,让社会实践成为善恶、真伪、对错的"试金石",让"社会大课堂"成为验证理论成果的"实验室"。①

3. "思政小课堂"需要"社会大课堂"补足实践短板

在"大思政课"视域下把握"社会大课堂"的教育属性和价值,明晰"社会大课堂"与"思政小课堂"的关系,可以更好地挖掘和利用"社会大课堂"蕴含的思想政治教育要素和资源,促进"社会"转化为"大课堂"的信度和效度,补足"思政小课堂"存在的短板。

(1)"社会大课堂"在环境上为"思政小课堂"补足短板。近代我国著名教育家陶行知先生提出"生活即教育,社会即学校",强调的就是社会实践、社会场域对教育的重要性。社会本身就是一个大的教育生态系统,社会环境是这个教育生态系统的表层,也是最显而易见的因素。在"社会大课堂"中,历史遗迹、革命遗址、博物馆、纪念馆、工厂企业、农村社区等不同的社会环境要素,本身就潜隐着思想政治教育的任务,都在以不同的方式履行着"传道、授业、解惑"的职责,都是思政课实践教学最好的阵地,是"思政小课堂"在时空上的有益补充。伴随着网络信息技术发展起来的各种各样的网络平台,构建起的人机互联的虚拟社会,也在不断拓展着思想政治教育的边界,同样会对"思政小课堂"的格局产生影响。

(2)"社会大课堂"在载体上为"思政小课堂"补足短板。一方面,"社会大课堂"可以为理论知识提供理解和检验的平台,真正让理论走进实践,加深对理论知识的消化和吸收,深化和巩固所学知识,进一步增强理论认同和理论自信。另一方面,"社会大课堂"可以为实践教学提供各种适宜的平台,并通过社会实践、生产劳动、公益活动、志愿服务等多种实践载体,组织开展形式多样的实践教学活动,促进理论与实践的有机结合。

---

① 吴增礼,李亚芹."大思政课"视域下"社会大课堂"的多维阐释[J].思想理论教育,2022(12):73—78.

（3）"社会大课堂"在资源上为"思政小课堂"补足短板。在思政课教学过程中不难发现，"思政小课堂"教学内容的综合性与教材内容的有限性形成了鲜明的对比，理论上的丰富难以代替实践上的不足。这也就意味着，"大思政课"视域下的"思政小课堂"迫切需要生动鲜活的社会资源和教学素材，比如历史遗存、社会现象、热点问题、典型案例、代表人物等。选好、用好社会资源这座"富矿"，不仅可以充实"思政小课堂"教学内容，而且可以活化教学素材，激发学生的学习热情和积极性，提高思政课的教学效果。

总之，"思政小课堂"与"社会大课堂"的结合，是"大思政课"建设的必然要求，在实践中表现为"思政小课堂"的理论性与"社会大课堂"的实践性的有机结合，在一定程度上实现了理论与实践的统一、知识与行动的一致。① 在这一有机联动的过程中，"思政小课堂"为"社会大课堂"提供理论指导、价值引领和推动力量，"社会大课堂"为"思政小课堂"回应时代关切、验证理论成果和补齐实践短板，无论是从思政课的功能定位，还是思政课建设的目标要求来说，既是必要的，也是必需的。

---

① 何益忠.论思政小课堂同社会大课堂结合的价值意蕴和实践路径[J].思想理论教育，2020(10)：71－75.

第四章

思政小课堂与社会大课堂深度
结合的可行性探讨

第一节　两个课堂深度结合的学理逻辑与理论可行性

无论是"思政小课堂"还是"社会大课堂",都是"大思政课"的重要组成部分,在本质上都属于思政课的范畴,都是思想政治教育的重要载体。因其教学目标、教学内容、教学方法等方面的关联性,两个课堂的结合不仅是必要的,而且是可行的。其可行性的学理逻辑主要涉及理论与实践的辩证关系、人类认识运动的基本规律,以及两个课堂结合的内在基础等。

一、理论与实践的辩证关系

马克思主义认为,社会生活在本质上是实践。马克思的这一观点实质上蕴含了关于理论与实践的内在规律:实践是理论的来源,理论是在各种不同的社会实践活动中归纳或总结出来的,并且随着实践的发展变化而不断发展和完善;当理论产生以后,又会指导新的实践。理论与实践的辩证关系体现在人类社会生活的始终。

（一）实践决定理论的形成和发展

在理论与实践的辩证关系中,实践对理论起决定性作用。实践是理论产生的前提和基础,离开了实践的理论往往是空洞的、虚无的、缺乏生命力的。对于思政课来讲,涉及的教学内容都是真理性的认识,而这些认识都是不同历史时期实践经验的总结。如从毛泽东思想、到邓小平理论、"三个代表"重要思想、科学发展观,再到习近平新时代中国特色社会主义思想,都是中国共产党领导的革命、建设和改革实践的升华。因此,思政课在本质上不仅是理论课程,而且是实践课程,遵循着从实践中来到实践中去的基本逻辑。因为,"个体通过实践活动可以加深对道德规则的理解,正确认识和处理人与自然、人与人、人与社会之间的关系"。① 社会实践为思政课提供了最广阔的舞台和适宜的教育空间,思政课教师要积极推动思政课教师走出"思政小课堂",积极投入"社会大课堂",教育和引导学生到社会实践中去消化和巩固所学理论,在理解和体悟中形成理论认同、增进理论自信,进而坚定"四个自信",做到"两个维护",成为中国特色社会主义的合格建设者和可靠接班人。

(二)理论对实践活动的指导作用

从概念上来看,理论指的是能够反映事物本质和规律性的理性认识,对实践具有能动的反作用。而人在本质上是社会关系的总和,无时无处都处在社会活动中。不同于其他动物的本能活动,人的社会活动是受到意识支配的,离不开理论的影响和指导。马克思在《〈黑格尔法哲学批判〉导言》中指出:"批判的武器当然不能代替武器的批判,物质力量只能用物质力量来摧毁,但是理论一经掌握群众,也会变成物质力量。"② 列宁指出:"没有革命的理论,就不会有革命的运动。"③ 可见,根源于实践的理论一经形成,就对实践活动有指导作用。对于思政课来讲,理论性是思政课的基本属性,坚守理论性是思政课教学的内在要求。④ 思政课教师在"思政小课堂"上讲理论,就必须把理论讲深讲透,没有理论深度的思政课教学容易流于形式。换句话说,思政课教学形式的灵活多样不能脱离教学内容的理论遵循。因此,思政课教师要用好两个课堂,在"思政小课堂"讲清理论的同时,注重对各种社会现象、社会热点、社会活动等实践素材的理论指导和提炼提升,进而使学生培养理论指导实践的思维习惯,牢固掌握马克思主义的立场、观点和方法,形成科学的世界观和方法论,用党的创新理论成果武装头脑,树立正确的世界观、人生观和价值观。⑤

---

① 朱洪发.道德教育的本质在于实践[J].山东师范大学学报(人文社会科学版),2005(1):124-126.

② 马克思恩格斯选集(第1卷)[M].北京:人民出版社,2012:9-10.

③ 列宁全集(第6卷)[M].北京:人民出版社,2013:23.

④ 王易.打造理论性和实践性相统一的思想政治理论课[J].中国高等教育,2019(10):10-12.

⑤ 甘子成,翟兴娥,芦莎.基于IRF/IRE的思政圈层增效深度学习实证研究——以思政小课堂与"一线课堂"协同增效课堂实践为例[J].教育学术月刊,2021(8):79-86.

二、人类认识运动的基本规律

根据马克思主义认识论的基本观点:认识运动基本规律是从实践到认识,再实践再认识,循环反复,以至于无穷的过程,这也是人类认识运动的辩证发展过程。认识过程具有反复性与无限性:一方面,人们对一个复杂事物的认识往往要经过多次反复才能完成。另一方面,人类的认识是永无止境、无限发展的,由低级阶段向高级阶段不断推移。从主观方面来说,这是因为人的认识能力具有局限性,需要不断发展;从客观方面来说,这是因为事物的本质暴露不是一次性完成的,需要一个过程。在马克思主义认识论的基础上,列宁指出:"人生动的直观到抽象的思维,并从抽象的思维到实践,这就是认识真理、认识客观实在的辩证途径。"①毛泽东认为:认识是在实践基础上由感性认识到理性认识,再由理性认识到实践的飞跃,一直循环往复以至无穷的辩证发展过程。

(一)感性认识与理性认识既相互区别又相互联系

感性认识和理性认识无论是在内容还是在形式上都有着本质的区别。从词源学的视角来看,感性认识是认识的初级阶段,指的是人们在社会实践中通过感觉器官获得的关于事物外部联系和表面特征的认识,主要有感觉、直觉、表象三种表现形式。从感觉、直觉到表象,可以看出存在一个从部分到整体、从直接到间接的趋势。也就是说,感性认识只是直接地反映着外部世界,并没有对事物深入的本质探讨。理性认识是认识的高级阶段,指的是人们借助抽象思维,在整理概括大量感性材料的基础上,达到关于事物的本质、整体、内部联系和事物自身规律的认识,主要有概念、判断、推理三种表现形式。从概念、判断到推理,是理性认识从低级到高级发展的过程。同感性认识相比,理性认识更多地表现在抽象性、间接性上。

通过对感性认识和理性认识概念的梳理可知两者之间的联系:在我们的认识活动中,感性认识需要发展到理性认识,理性认识依赖于感性认识。感性认识中隐藏着理性认识的因素,理性认识中蕴含着感性认识的成分。我们需要感性认识,但是对于世界更加深刻的认识,真正把握事物的本质和规律,我们需要将感性认识上升到理性认识。因而,我们就能够很容易地理解:"感觉到了的东西,我们可能不能立刻理解它,只有理解了的东西才能更深刻地感觉它。"

---

① 列宁专题文集[M].北京:人民出版社,2009:135.

对于思政课来讲,"思政小课堂"开设的各门思政课是教育和引导学生对马克思主义理论形成感性认识的重要途径。然而,感性认识不是思政课教学的最终目的,思政课教师需要帮助学生将课堂上形成的感性认识经消化、吸收后形成理性认识,这就需要"社会大课堂"的各种实践活动。可以说,两个课堂具有不同的功能和作用,不能相互替代,更不能偏废。

(二)从感性认识上升到理性认识需要社会实践活动

马克思主义认为,从感性认识上升到理性认识需要具备两个条件:一是勇于实践、深入调查,收集丰富的感性材料,这是实现从感性认识到理性认识的基础;二是通过理性思考,对感性材料进行加工处理,这是实现从感性认识到理性认识的关键。毛泽东在著名的《实践论》中指出:"感性和理性二者的性质不同,但又不是互相分离的,它们在实践的基础上统一起来了。"[①]我们也可以认为,感性认识和理性认识虽然各有区别和联系,但最终统一于社会实践。

对于思政课来讲,学生在"思政小课堂"上形成的感性认识有待上升到理性认识,这就需要借助"社会大课堂"的作用。这里面有一个通过社会实践活动,对事物感性材料的收集,以及通过认识主体情感意志的作用,将感性材料"去粗取精、去伪存真、由此及彼、由表及里"理性思考的过程。[②] 当然,在这一过程中,认识主体的认识水平和能力至关重要。但是,我们也不能忽视了非理性因素的作用。如情感、意志、动机、欲望、信念、习惯、本能等的意识因素,也会直接或间接地影响到实践活动的开展及其成效。因为,人的认识过程是理性因素和非理性因素共同起作用的结果,其最终的目的是促进学生从认识走进实践环节,实现从感性认识向理性认识的升华。

三、两个课堂结合的内在基础

2019 年,习近平总书记在学校思想政治理论课教师座谈会上强调,要重视思政课的实践性。关于思政课实践性的问题被正式提出,逐渐成为学术界研究和学校思政课建设关注的重点话题。关于思政课的实践性,其内涵非常丰富,很难用简单的话语去表述清楚。但是,不管怎样理解,都在强调思政课教学的实践指向,做

---

① 毛泽东选集(第 1 卷)[M].北京:人民出版社,1991:284—286.
② 甘子成,翟兴娥,芦莎.基于 IRF/IRE 的思政圈层增效深度学习实证研究——以思政小课堂与"一线课堂"协同增效课堂实践为例[J].教育学术月刊,2021(8):79—86.

好思政课教学理论联系实际的问题。① 在"大思政课"的视域下,这实际上也为"思政小课堂"与"社会大课堂"的结合提供了可能性。在此我们称之为两个课堂结合的内在基础,其中包括了教育环境的彼此贯通性、教育资源的联合共享性、面临问题的相互关联性、教育目标的内在一致性、教育内容的融会贯通性、教育方法的创新协同性、教学测评的互动有效性、教育效果的相互影响性八个方面。②

（一）教育环境的彼此贯通性

习近平总书记指出:"要坚持不懈传播马克思主义科学理论,抓好马克思主义理论教育,为学生一生成长奠定科学的思想基础。"③在"大思政课"建设的背景下,"思政小课堂"与"社会大课堂"得到了有机统一,相互之间存在着类似于"你中有我、我中有你"的关系。一方面,"思政小课堂"讲授的理论来源于社会实践,在社会实践中经过验证并不断地创新、发展与完善,"思政小课堂"与社会紧密相连。另一方面,"社会大课堂"开展的各种实践活动离不开"思政小课堂"中学到的理论的指导。因此可以说,"思政小课堂"和"社会大课堂"都是党的创新理论宣传教育的重要平台和载体,其共同环境的创设,离不开两个课堂共同发挥作用。其中,"社会大课堂"为"思政小课堂"提供社会实践需要的外部环境,而"思政小课堂"所讲授的理论知识以及优良的学风、教风等也会通过教育主体的能动作用,直接或间接地对"社会大课堂"产生积极的影响。

（二）教育资源的联合共享性

教育史学家认为:自有人生,便有教育。教育资源伴随着教育实践,不断积累着、扩展着、丰富着自身精神的和物质的内涵,成为我们今天的教育事业得以生存和发展的基础和土壤。随着网络信息技术的发展,教育资源逐渐与网络平台进行着有机的结合,新兴的网络教育社区、教育博客、校园网等平台,已将教育资源在网上进行了共享,这就打破了传统意义上的时间与地域的概念。"大思政课"建设要求校内与校外相结合,注重思想政治教育资源的有机整合,同时这些思想政治教育资源也是两个课堂发挥作用的重要保障。对于"思政小课堂",中华优秀传统文化、近代中国革命、建

---

① 郝保英,王涛."大思政课"视域下高校思政课的实践性论析[J].思想理论教育,2022(10):106—112.

② 王碧波.高校思政小课堂同社会大课堂结合的内在逻辑及实现路径[J].高校辅导员,2020(1):64—68.

③ 习近平.把思想政治工作贯穿教育教学全过程 开创我国高等教育事业发展新局面[N].人民日报,2016—12—09(001).

设和改革的伟大实践、乡风民风家风等优良传统,都实实在在地存在于"社会大课堂"中,是"思政小课堂"理论知识学习的有益补充,也是思政课实践教学的重要社会资源。对于"社会大课堂",思政课教学中讲授的理论知识、形成的优良教风学风、开展的科学研究和社会服务等教育资源,能够为"社会大课堂"提供科学合理的理论指导、人才支持和技术服务等,保证了"社会大课堂"的针对性和实效性。

(三)教育问题的相互关联性

马克思主义的一个鲜明导向是坚持"问题导向"。何为问题导向? 直接地说,就是以解决问题为方向,少做与问题关联不大、不做与问题无关的无用功。"思政小课堂"和"社会大课堂"都承担着思想政治教育的任务,直接关系到"培养什么人、怎样培养人、为谁培养人"的根本问题。从教育对象的视角来看问题,伴随着思想政治教育共享性和开放性的增强,两个课堂面临着一些共性的问题,或者面临的一些问题之间存在着千丝万缕的联系。

一方面,学校的一些问题会蔓延到社会中。如学生因为学习、生活、思想、观念等引发的问题蔓延到社会,在社会中产生一些不良的影响,成为学校和社会要共同解决的问题。另一方面,社会中的一些问题也会渗透进学校。如网络信息技术是一把双刃剑,在人们信息自由的同时,也在不断影响着人们的思想和观念。学生的一些误区或思想偏见,其根源多为社会或网络中接触到的一些负面因素或消极影响,很多情况下是社会认知的现实反映,只不过表现形式不同罢了。针对这些问题,有专家指出:"思政课教学应该能够解释社会现实出现的新问题、新情况,主动回应学生的理论关切和现实关切。"[1]两个课堂面临问题的相互关联性,不能"头痛医头、脚痛医脚",要做好"协作"文章,抓住主要矛盾和矛盾的主要方面,把解决思想问题与解决实际问题有机结合起来。

(四)教育目标的内在一致性

思政课的特殊性决定了其为党育人、为国育才的功能,不是简单地将理论"灌输"进学生的头脑,而是要给予他们思想引领与价值塑造,坚定理想信念和政治认同,培养成为担当民族复兴大任的时代新人。实践表明,思政课的教学目标是因时而进、因势而新的,随着中国革命、建设、改革的发展而不断发生变化。例如,社会主义建设初期的"又红又专"、改革开放新时期的"四有新人"、中国特色社会主义新

---

① 魏华.把思政小课堂同社会大课堂结合起来[N].光明日报,2019－08－01(05).

时代的"时代新人",都体现出显著的时代性特征。[①]

当前,在"大思政课"建设的背景下,思政课教学目标表现出更高的要求,无论是"思政小课堂"还是"社会大课堂",在教育目标方面更趋向具有内在的一致性。从小处着眼,学校培养人才的主要目的是将来更好地服务社会,而社会对人才的需求本身也是其发展的内在要求。在培养德智体美劳全面发展的劳动者方面,两个课堂的目标是一致的,必须做到理论教育与实践教育相结合,理论素养和实践能力同等重要。从大处着眼,按照马克思关于人的自由全面发展的理论,人的自由全面发展是社会主义区别于资本主义的一个重要特征,也是社会主义教育事业的一个重要指向。反映到思政课上,人的自由全面发展既离不开"思政小课堂"的理论知识学习,也离不开"社会大课堂"提供的实践空间、资源和活动,需要两个课堂的共同努力。[②] 对于学生来讲,要想实现自由全面的发展,必须用好两个课堂,在学好理论知识的同时,将马克思主义理论内化于心、外化于行,积极投身到"社会大课堂"的实践中去,更加深刻地认识和理解世情、党情、国情、民情,努力做到明史、明理、明道、明德,真正成为社会需要的人,成为自由全面发展的人。

(五)教育内容的融会贯通性

习近平总书记强调:"用中华民族创造的一切精神财富来以文化人、以文育人。""思政小课堂"和"社会大课堂"都是育人的阵地,虽然两个课堂的形式不同、载体有别,但都离不开中国的具体实际,离不开中华优秀传统文化,离不开马克思主义理论的指导。"思政小课堂"的教学内容涵盖了党史、新中国史、改革开放史、社会主义发展史、中华民族发展史等,视野之宏大、内容之丰富,为思想政治教育提供了丰厚的滋养。如当前开设的几门思政课,"马克思主义基本原理"揭示了人类社会发展的客观规律,"中国近现代史纲要"阐释了近代中国的探索以及党的领导是历史和人民的选择,"毛泽东思想和中国特色社会主义理论体系概论"阐明了马克思主义中国化、时代化的理论成果,"道德与法治"提出了新时代对青年群体的道德素质和法治素质要求,"习近平新时代中国特色社会主义思想概论"明确了马克思主义中国化、时代化的最新理论成果——习近平新时代中国特色社会主义思想的

① 郝保英,王涛."大思政课"视域下高校思政课的实践性论析[J].思想理论教育,2022(10):106-112.
② 王碧波.高校思政小课堂同社会大课堂结合的内在逻辑及实现路径[J].高校辅导员,2020(1):64-68.

立场、观点和方法。这些教学内容都来源于实践经验的总结。"社会大课堂"同样承载着丰富的教学内容，而且具有更加基础性和直观性的特点，与社会现实和社会生活的结合更为紧密。

因此，"思政小课堂"与"社会大课堂"在教育内容方面有着天然的联系，都强调党的创新理论的指导，要求用马克思主义的立场、观点和方法解释社会现象、解读社会热点、解决社会问题。当然，在全面建设社会主义现代化国家的过程中，还必须考虑到教育内容的现代化问题，根据国际国内形势的发展变化及时合理地做出更新和调整。[①]

（六）教育方法的创新协同性

习近平同志在中国人民大学考察时强调："思政课的本质是讲道理，要注重方式方法，把道理讲深、讲透、讲活。"如何在思政课上把道理讲深、讲透、讲活？除了教学内容方面的改革以外，教学方法的创新也必不可少。近年来，国务院、教育部颁布的政策文件中对此有所体现。2015 年，《普通高校思想政治理论课建设体系创新计划》提出思政课建设要坚持知行合一的原则；2017 年，《关于加强和改进新形势下高校思想政治工作的意见》提出要强化实践育人，组织师生积极参加社会实践活动；2021 年，《高等学校思想政治理论课建设标准》提出要把"思政小课堂"和"社会大课堂"相结合，突出实践教学，将生动鲜活的实践引入课堂教学，将课堂设在生产劳动和社会实践一线；2022 年，《全面推进"大思政课"建设的工作方案》提出要加强"大思政课"建设，善用"社会大课堂"；等等。一系列政策文件的颁布，也为思政课的方法创新提供了政策依据和行动指南。即"大思政课"建设背景下的思政课方法创新，就是要改变传统思政课知识导向的教学方法，利用好"社会大课堂"，对照要求提高实践教学的比重，通过开展"行走的思政课""移动的思政课""情境里的思政课"等，为学生提供贴近社会、贴近实际、贴近生活的实践内容，逐步构建起两个课堂协同育人的格局，让学生在学好理论知识的同时，更好地感受"社会大课堂"的厚度、深度和温度。

（七）教育评价的互动有效性

教学评价指的是依据教学目标对教学过程及结果进行价值判断并为教学决策服务的活动，是对教学活动现实的或潜在的价值做出判断的过程。"大思政课"要求思政课在讲授过程中实现教学目标、内容、手段、测评的有机统一。与之相适应

---

① 冯刚.改革开放 40 年来高校思想政治教育发展的经验与展望[J].中国高等教育,2018(Z2):47-51.

的是,教学评价的互动有效性也必然建立在教学目标、内容、手段、测评等基础之上。其中,教学评价的实践性也是考量有效性的内在要求和重要指向。如《新时代高校思想政治理论课教学工作基本要求》提出,要采取多种方式考核学生对所学内容的理解和实际运用,考查学生运用马克思主义的立场观点方法分析、解决问题的能力;《高等学校思想政治理论课建设标准》提出,建立健全科学全面准确的考试考核评价体系,注重过程考核和教学效果考核。

"大思政课"的提出,特别是突出强调的"思政小课堂"向"社会大课堂"的延伸,教学评价不再局限于单纯的纸笔或线上理论测试,对知行合一、实践体验等提出了新的更高的要求,终结性考核将逐渐转向过程性考核。过程性考核近似于一种发展性评价,要求根据学习过程中的表现进行评价,重点评价的是实践参与的互动有效性,这个需要"思政小课堂"与"社会大课堂"的有机结合。如根据"思政小课堂"确定实践教学主题,在"社会大课堂"中选取丰富的实践素材,并采用社会调研、主题研讨、情境体验等方式开展实践教学。在这一过程中,理论知识、协作品格、实践精神、管理能力等都会成为评价要素。教学评价的转变也能在一定程度上让学生从真知走向真信、真行,同时避免了"知行脱节""高分低德"等现象的发生。①

(八)教育效果的相互影响性

在马克思主义看来,理论与实践是辩证统一的。社会实践的有序开展需要科学理论的指导,理论的产生、发展和完善也需要实践的依托和支持,两者是在内在统一中相互影响的。反映到思政课教学中,在"大思政课"建设的大背景下,"思政小课堂"与"社会大课堂"共处于一个教育系统中,两个课堂的教育效果势必会对彼此产生直接或间接的影响。"思政小课堂"侧重于理论传授,实践活动往往是作为理论学习的有益补充,而实践教学的效果与"社会大课堂"中的平台、资源、活动等是息息相关的。"社会大课堂"侧重于社会实践活动和实践体验,实践活动和实践体验的效果同样会对"思政小课堂"的教育效果产生影响。一般来说,积极正面的实践活动和实践体验会增进学生对所学理论的理解和认同,而消极负面的实践活动和实践体验则会让学生对所学知识产生困惑和质疑。② 当前,随着网络信息技术

---

① 郝保英,王涛."大思政课"视域下高校思政课的实践性论析[J].思想理论教育,2022(10):106—112.

② 王碧波.高校思政小课堂同社会大课堂结合的内在逻辑及实现路径[J].高校辅导员,2020(1):64—68.

的发展,两个课堂的教育情况,随时随地都能通过各种网络媒体迅速传播,相互影响的频率和效果更加凸显,两个课堂的协同育人已成为一种必然趋势。

第二节　两个课堂深度结合的现实逻辑与学情可行性

"思政小课堂"与"社会大课堂"的深度结合,除了要考虑两个课堂各自的特点以及相互之间的关联以外,还有一个重要的方面就是作为教育对象的学生,他们的群体特征、思想特质、接受程度等也会在很大程度上影响到教育的成效。

一、"00 后"青年学生的群体特征

我们常说的"00 后",指 2000 年 1 月 1 日至 2009 年 12 月 31 日出生的人,有时也泛指出生于 20 世纪 90 年代末期的人。大约在 2018 年,"00 后"作为一个群体进入大学校园,成为大学校园中的绝对主体。根据 2018 年各个高校新生报到数据显示,2018 年进入高校的新生中,"00 后"大约占到了 75%。与"80 后""90 后"相比,由于成长环境、社会发展等因素的影响,"00 后"表现出了一些独特的群体特征。[①]

(一)个体意识表征的个性化

对于"00 后"来说,个性化是在这一群体身上显示的最突出标签。所谓个性化,顾名思义就是非一般大众化的东西。更具体地说,就是在大众化的基础上增加独特、另类、拥有自己特质的需要,独具一格,别开生面的一种说法。2018 年 5 月 4 日,中国青年报与腾讯公司联合发布《"00 后"画像报告》,"00 后"是如何形容自己这一代? 他们给出的答案中排在前列的是:开放(56.1%)、自我(46.9%)、独立(43.5%)、自信(42.2%)、热血(39.9%),可谓是个性十足,如图 4—1 所示。之所以表现出这样的特征,与"00 后"成长环境的变化息息相关。一方面,"00 后"出生和成长在一个相对开放、自由的时代,社会大环境日新月异的变化在他们成长的过程中产生着潜移默化的影响,他们的发展空间不断拓展,同时面对的挑战也越来越大,对于个体发展也就有了更高的要求和标准;另一方面,"00 后"生存和生活的环境已经相对富裕,在国家实现总体小康的背景下,他们的经济条件已经有了根本的保障,物质条件的制约基本不再存在,更加注重情感表达和价值追求等精神层面的

---

① 沈千帆等."00 后"大学生的群体特征及教育策略[J].学校党建与思想教育,2019(12):55—56.

满足。因此,"00 后"表现出比"80 后""90 后"更加突出的个性。于是,我们看到"00 后"生活和工作中的常态:个性化的意志和观点表达、个性化的权益和利益维护、个性化的目标和价值追求。

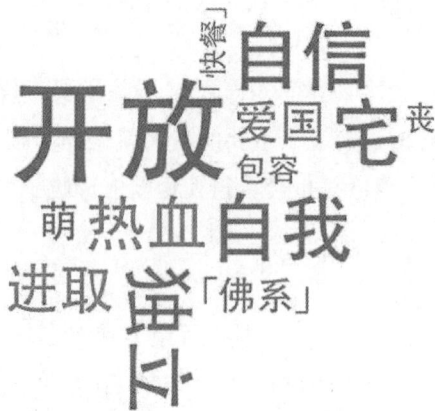

资料来源:《"00 后"画像报告》(2018)。

图 4—1　形容"00 后"的常用词汇

(二)网络行为表现的多样化

"00 后"与互联网的关系极为密切,有人称这个群体为"数字土著""网络原住民"等。他们一般在很小的年纪就开始接触网络,网络信息对他们的生活、学习和工作影响较大,在思维方式、生活方式、娱乐方式等方面有所体现,其网络行为特征具体表现在两个方面:一方面,"00 后"群体的网络行为多样化特征更加明显,在一些网络行为和活动中表现出"重娱乐轻学习"、对网络依赖度高等特征。如手机不离手、网络不断线已经成为标配,甚至成为很多人心理安全感的保障。《"00 后"画像报告》的数据显示,"00 后"使用互联网的网络行为按照选择比例从高到低排序,分别是网络追星、打游戏、网络交友、自拍、看动漫作品、看综艺节目、看电子书。另一方面,"00 后"成长在信息爆炸的时代,铺天盖地的网络信息使得他们对新事物具有了前所未有的关注,他们的兴趣转移较快,传统格式化的内容很难引起他们的注意,习惯性的标新立异成为一种常态。如网络上具有群体影响的关键意见领袖(Key Opinion Leader,KOL),因其对问题看法的独特视角和创新风格,往往能够引发"00 后"的关注。他们对于关键意见领袖的向往和对网络话语权的追求,促使其在各个不同的平台汲取知识,希望借助互联网以个性化的方式发表意见、表达观点,带动和引领更多的人产生情感共鸣和价值认同。[①]

(三)情感价值表达的理性化

价值观,指的是基于一定的思维感官之上而做出的认知、理解、判断或抉择,也就是人认定事物、辨别是非的一种思维或价值取向,从而体现出人、事、物一定的价值或作用。一般来讲,价值观具有相对的稳定性和持久性。但是,在不同时代、不同社会生活环境中形成的价值观往往又是不同的。"00后"是开启新纪元的一代,他们也在陆陆续续地进入成年、步入社会,属于他们的价值观也正在稳步形成。结合《"00后"画像报告》的调查,"00后"群体的社会价值表达更趋理性化。如关于"成功主要靠什么"的调查显示:"个人奋斗"(89.4)成为首选,大幅高于"良好机遇"(62%)、"个人天赋"(50.3%)、"良师指导"(38.6%)、"亲友相助"(15.3%)、"父母给力"(10%)、其他(1.4%)。再如关于"00后"的追星,与前几代人可能不同,比起历史伟人、商业精英等,他们更容易受电视节目的影响,把娱乐明星当作自己的偶像。不过很多00后表示,自己追星仅限于喜欢,并不"疯狂",不再仅仅用"英俊""帅气""美艳"来形容自己的"爱豆"(偶像),而更喜欢用"成熟""有才""敬业"等词作为偶像的标签,可以说是"始于颜值、陷于才艺、忠于人品"。另外,关于"00后"的消费观,61.6%的"00后"学生认为"家庭与好友"是必不可少的重要组成部分,这一比例远远超过"收入的期待"(45.7%),他们更加倾向于理性的生活和消费。[②]

二、"00后"青年学生的思想特质

"00后"成长的时代,除了互联网的飞速发展,国际国内环境也在发生着巨大的变化。从国际来看,全球化的发展、中美贸易摩擦、新冠病毒等对国际格局产生了巨大冲击;从国内来看,全面小康目标的完成、全面建设社会主义现代化国家目标的提出、以中国式现代化全面推进中华民族伟大复兴的中心任务等,我国各个领域正在进入新的发展阶段、构建新的发展格局。"00后"学生的思想观念也在这些"变"与"不变"的交织中深受影响,呈现出一些新的思想特质和发展态势。

(一)自我认知:理性与感性的相互交织

"00后"出生的时候我国计划生育政策还在实施之中,他们大多是独生子女或

---

①　王慧芳.社交媒体时代高校学生 KOL 素养的提升途径[J].出版广角,2018(13):83-85.

②　沈千帆等."00后"大学生的群体特征及教育策略[J].学校党建与思想教育,2019(12):55-56.

者是独生子女的独生子女,也有人称为"独二代"。在这种"4＋2＋1"的家庭结构中,他们基本都是衣食无忧,物质条件比较丰富。在"00后"成长的过程中,改革开放的快速发展让他们有了更好的条件和更多的机会接触多元文化,同时思想观念不可避免地受到多元文化的感性影响,互联网的发展进一步强化了这种影响效应,其自我认知也在发生着深刻的变化。

在社会主义市场经济条件下,充足的物质条件被认为是满足所有需求的前提和基础。其一,"00后"能够更加直接表达自己的内心想法,他们认为"钱不是万能的,但是没有钱是万万不行的",深刻地认识到物质因素对发展的重要性,不再把物质生活看作是庸俗市侩的表现,而是将富足而舒适的生活作为自己追求的目标。这在一定程度上与我国总体上达到小康社会的发展进程是一致的。其二,有了丰富的物质生活基础,"00后"对精神生活的追求层次更高。他们大多非常理性,认为物质因素仅仅是基础和手段,不同于物质主义对物质因素价值优先性的强调,后物质主义价值观对生活质量、公共参与及自我实现等非物质因素更为看重。①

2018年,有一项关于工作与闲暇的调研显示,"90后"更加重视工作,"00后"看重的是闲暇。当然,在自我实现的需要上,两个群体都有着比较明确的规划设计,相较而言,"00后"倾向于积极地表达真实的自我,在强化个人认同的同时追求自我实现。② 如在面临毕业时的职业选择,大多"00后"选择的是不将就的态度,在未找到心仪的工作之前,宁可暂时不就业或者选择灵活就业。再如,在面对网络世界时,大多"00后"不甘于做"沉默的大多数",往往会选择成为网络场域的积极参与者和表达者,更加主动地进行知识传播和信息创造。

值得注意的是,大多数"00后"正在求学或刚步入社会,长时间"象牙塔"中的生活使他们的很多认识依然停留在感性层面。在他们逐渐接触社会并走向社会的过程中,当他们真正接受社会挑战应对现实压力时,会有一个身份和角色转变的过程,感性与理性的交织会让很多"00后"陷入长时间的迷茫或困顿。③

(二)社会认知:稳定中潜隐不稳定因素

一般认为,个体对社会发展前景、社会公平正义以及社会道德共识等的感知基

---

① 王玉栋.新时代大学生创业价值观新探——一种后物质主义的视角[J].北方民族大学学报,2020(1):99－105.

② 牛天,张帆.嵌入、表达、认同:斜杠青年的自我实现研究[J].中国青年研究,2020(6):90－95.

③ 张睿,吴志鹏,黄枫岚."00后"大学生的思想观念及行为倾向研究[J].思想理论教育,2021(6):93－99.

本构成了社会认知的主要内容。"00 后"是处于社会大变革大发展中的一代人,社会环境的变化势必会影响到他们对社会及其社会现象的认识和理解。

其一,"00 后"对经济社会的发展前景充满信心。《中国消费者报告 2021》显示:中国的"Z 世代"(主要指的是 1996—2010 年出生的一代人)普遍对未来收入增长充满信心,78％的受访者相信自己将来的收入会超过或远超过现在的收入水平。[①] 但是中美贸易摩擦、新冠疫情等突发事件对经济的影响,又让他们的信心有了一些动摇。

其二,经过多年教育形成的知识积淀,再加上网络海量信息资源的加持,"00 后"对社会现象基本具有了独立的判断和标准。但是,一些社会生活中偶发事件的发生,又会让他们对某些社会公平正义的议题产生强烈的批判意识,对社会公平正义有着更高的期待,认为社会还存在着较大的进步空间。

其三,受到中华优秀传统文化的熏陶和传统道德教育的影响,"00 后"对个人道德、家庭美德、社会公德形成了稳定的预期,认为社会在总体上是求真、向善、尚美的。但是,受到西方文化价值观和市场经济价值观等的冲击,部分"00 后"也会对社会的道德标准产生迷茫,甚至滋生出道德相对主义、道德虚无主义等不正确的道德价值观,最终演化为极端利己主义或消极遁世的行为,从而可能会违背道德原则,失去对社会道德行为的认知和判断能力。

其四,在社会认知中,有社会文化认知的问题。特别是随着网络信息技术发展,互联网、大数据、人工智能等的应用,催生了"00 后"信息茧房式的认同,各种主流文化和亚文化在信息茧房中相互交织激荡,以圈层文化、二次元文化等形式表现出来,对"00 后"的社会认知产生了很大的影响。这种社会认知方式的突出特点是,无论是出于主动还是出于被动,每个人都期待为自己量身打造个性化的信息,每个人都期待与志趣相投的人或群体交流。[②] 需要引起注意的是,如果长期沉浸在这种类似的同质化群体中,也就意味沉浸其中的个体与其他个体或群体交流的机会将日益减少,造成群体极化或知识鸿沟的反社会现象,严重者甚至会降低好不容易建立起来的社会黏性,最终阻碍或消解社会共识的形成。

---

① 麦肯锡. 中国消费者报告 2021[EB/OL]. 麦肯锡网. https://www.mckinsey.com.cn/wp-content/uploads/2020/11/ 消费者季刊－2020_中文 1126_s. pdf.

② 汤广全. "信息茧房"视阈下大学生思维品质的培养和塑造[J]. 当代青年研究,2018(2):52－58.

（三）国家认知：总体认同中的认知张力

有学者指出，"00后"群体的思想观念具有"向己性"，倾向于从个体出发设定人生追求，习惯于以自身的认知为标准而非固有的权威来判定外部世界。[①] 这种思想观念使得他们不会轻易地盲从权威，在个体能力基础上形成多元开放的价值认知，并在个人与他人、个人与社会、个人与国家等关系上表现出总体认同中的认知张力。这实际上蕴含着两层含义：一是总体上是认同的，二是认知张力是切实存在的。

先来看个人对国家的总体认同。党的二十大报告宣示了向第二个百年奋斗目标进军的重要任务，到本世纪中叶，我国将全面建成社会主义现代化强国。作为强国一代的"00后"，其职业生涯的起点和终点，必将参与、见证、伴随中国走向世界强国之林的"临门一脚"。从总体上来讲，"00后"对当下中国的评价较高，如图4—2所示。在个人与国家的关系上，"00后"对中国人的身份认同、民族认同、国家认同均表现出高度的自信，展现出强烈的国家荣誉感和民族自豪感。即使面对西方国家多元文化的渗透和冲击，"00后"依然表现出非常清醒的认知，"一出国、便爱国"已经成为普遍共识。《"00后"画像报告》调查显示，24.6%的"00后"认为社会主义现代化强国建设与自己息息相关，31%的"00后"更是明确表示，要"发愤图强，为实现强国目标尽力"。

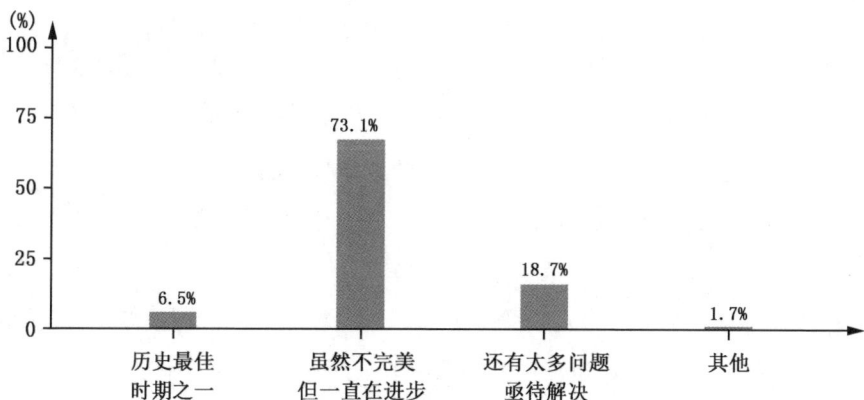

资料来源：《"00后"画像报告》(2018)。

图4—2 "00后"对当下中国的评价

---

① 童建军,林晓娴. 当代大学生思想动态与行为倾向分析[J]. 思想理论教育,2019(4):95—101.

再来看个人对国家的认知张力。在个人与国家的关系中,既有个人对国家服务和奉献的一面,同时也有国家为个人成长提供支持和保障的一面。"00后"虽然在总体上表现出对国家的认同,但由于个体意识的个性化、感性化、不稳定性等特点,如果面对发展受挫或者发展空间受限等困难和问题,难免会出现一些不良情绪和反应,在一些负面信息的影响下,存在国家认同激进化的情况发生。此外,虽然"00后"个体价值认知的多元开放在根本上与国家主导的价值观并不相悖,但是一定程度上存在的"去权威""小众化"等认知倾向,容易导致国家认同中的浅层化、碎片化等问题,存在弱化和消解国家主导价值观的风险。①

三、"大思政课"创新改革的适应性

我国著名教育家叶澜认为,教育有广义和狭义之分。广义的教育是有意识的以影响人的身心发展为直接目标的社会活动,狭义的教育即学校教育。在教育过程中,教育对象的特点以及随着时代发展而发生的变化,要求教育者要关注教育对象的主体性诉求。② 根据前面的论述,"00后"学生是在改革开放快速发展、网络信息技术快速迭代的环境中长大的,他们的群体特征和思想特质都极具个性化,不允许将思政课局限在"思政小课堂"中。"大思政课"的提出,可以说是因时而进、因事而化,刚好适应了"00后"学生对思政课改革创新的客观要求,用"学生听得懂""学生喜欢听"的语言和方法讲好思政课,这本身也是衡量思政课教学有效性的重要标准。

(一)适应了"00后"学生的群体需求

"00后"学生在群体特征上表现为个体意识表征的个性化、网络行为表现的多样化、情感价值表达的理性化等。针对"00后"学生的这些特征,"大思政课"的创新改革首先要充分考虑到学生的学情,立足于"思政小课堂",坚持"三贴近"的原则,让教学贴近实际、贴近生活、贴近学生。对于传统的局限于教材的"思政小课堂",给学生的感觉往往是严肃的说教和空洞的说理,容易陷入脱离实际、脱离生活的状况,让学生产生枯燥、无趣等的情绪反应,这样的思政课也是很难被学生接受的。

在民主革命时期,毛泽东同志曾经讲过:"思想政治教育不是将政治纲领背诵

---

① 张睿,吴志鹏,黄枫岚."00后"大学生的思想观念及行为倾向研究[J].思想理论教育,2021(6):93—99.

② 何益忠.论思政小课堂同社会大课堂结合的价值意蕴和实践路径[J].思想理论教育,2020(10):71—75.

给老百姓听,这样的背诵没有人愿意听,而是要联系战争发展的情况,联系士兵和老百姓的生活。"①很显然,"思政小课堂"除了理论教授以外,要做好教学内容与社会实际和社会生活的对接,让思政课借助"社会大课堂",走进实际、走进网络、走进生活,努力构建起既有"思政味"又有"生活味"、通俗易懂的思政课教学及话语体系,向学生传递必要的理论知识和价值导向。

此外,"社会大课堂"是"00 后"学生比较感兴趣的教学阵地,思政课教学还要做好"社会大课堂"的理论指导,对学生在"社会大课堂"中获得的感性的、具体的、直观的认识,以思想性、理论性的话语实现提炼和升华,做好思政课教学的守正创新。这样,"思政小课堂"与"社会大课堂"的针对性结合,让思政课既能"顶天"又能"立地",在很大程度上适应了"00 后"学生的群体需求,同时也让思政课教学具备了更好的现实基础。

(二)适应了"00 后"学生的思想发展

无论是"00 后"学生的个人认知、社会认知还是国家认知,在总体上是趋于理性和稳定的,但也潜隐着一些感性的成分和不稳定的因素。因此,"大思政课"的创新改革要解决好传统思政"空泛化、标签化、边缘化"等问题,②直面"00 后"学生思想发展中存在的现实问题,让感性变得理性,让不稳定变得稳定,增强他们的个体认同、社会认同和国家认同。这就要求思政课既结合实际又守正创新,有针对性地利用好"思政小课堂"和"社会大课堂",做到"讲清道理"与"讲好故事"相统一。实际上,无论是国家领导人的讲话还是国家教育主管部门颁布的一系列制度文件,大多对思政课提出了"讲清道理"和"讲好故事"的要求。在这一对关系中,思政课的本质是"讲道理",把道理讲深讲透讲活是最基本的要求。而思政课无论是"讲清道理"还是"讲好故事",最终的目的都是为学生思想政治教育服务的,都是着眼于"立德树人"根本任务的贯彻落实。

受制于时空的局限,思政课教师在"思政小课堂"上讲的道理、讲的故事,学生在课堂上感知的始终是抽象的、感性的知识,有时还会被贴上"乏味""空洞""枯燥"的标签,很难真正触及学生的思想和灵魂。因此,按照习近平总书记关于思政课建

---

① 毛泽东选集(第 2 卷)[M].北京:人民出版社,1991:481.
② 王婷,阎树群.高校思政课话语质量:历史、困境与进路——基于中国文化理性的分析[J].教育学术月刊,2020(10):92—99.

设"八个统一"的原则,"讲清道理""讲好故事"需要"社会大课堂"提供的真实、直观的载体和素材。[①] 如思政课教师带领学生走进"社会大课堂",让学生身临其境地获得可感可触、具体翔实的现实素材,亲身体验和感悟社会主义建设的生动实践和巨大成就,使得在"思政小课堂"上学到的理论知识有了真实的事实依据和实践见证。这样,在理论与实践的相互印证中,在灌输与启发的相互作用下,教育和引导"00后"学生切实做到对所学知识的真知真信真行,在生活和学习中坚定"四个自信"、做到"两个维护"。

第三节　两个课堂结合方式的分类研究与合理性分析

在"大思政课"建设的背景下,"思政小课堂"与"社会大课堂"结合的一种重要途径是实践教学。为切实推动思政课实践教学的运行,各个学校均制订了实践教学大纲或实践教学方案,从文本上明确了实践教学的目标、任务、内容及考核要求等。为此,结合学界关于思政课实践教学的研究成果,同时参照部分学校的实践教学探索与实践,重点对现有的校内实践教学模式、校外实践教学模式、虚拟技术实践教学模式进行合理性分析。

一、校内实践教学模式分析

实践教学是思政课教学体系的重要组成部分,是提高教学质量必不可少的环节。思政课的校内实践教学大致可分为课内实践和课外实践两种模式。

课内实践是在思政课堂内进行的实践教学,思政课教师结合每个专题教学,在学生了解和掌握了一定理论知识的基础上,开展适当形式的实践教学活动,具体形式有演讲、辩论、专题讨论、读书心得等,这也是思政课中采用较多的一种实践教学模式。课内实践的优势是与理论教学的结合较为紧密,并且可以利用的资源便捷、方便组织,可操作性比较强。同时,课内实践存在于课堂独立的空间内,教学对象的覆盖面广,基本可以关注到所有同学,学生参与的门槛比较低,参与度相对比较高,能够在教师的引导下,及时巩固和深化对所学理论知识的认识和理解。与之相

[①] 甘子成,翟兴娥,芦莎. 基于 IRF/IRE 的思政圈层增效深度学习实证研究——以思政小课堂与"一线课堂"协同增效课堂实践为例[J].教育学术月刊,2021(8):79-86.

对应的是,课内实践的缺点也是显而易见的,课内实践的空间相对局限,实践性较弱,在很大程度上"有实践的形式但缺乏实践的内容",实践教学大多仍然局限于学生对资料的查阅或理论的阐释,实践的直观性和参与感都不是很高,很难真正调动起学生的积极性,也无法保证实践教学的效果。

课外实践往往与第二课堂结合在一起,通过校内实践教育基地建设、校园实践活动等形式表现出来。与课内实践相比,课外实践的区域拓展到课堂以外、校园之内。课外实践的优势是课堂空间的拓展,实践教学的氛围更加自由活泼,对"00后"学生来讲有着更大的吸引力。实践教学与各种校园活动的结合,能够更好地调动起学生的学习热情,学生参与的积极性也会得到有效调动。课外实践的缺点是实践资源相对有限,针对性和可操作性不是很强,学生对实践活动的兴趣往往大过实践教学的内容,实践教学存在"泛娱乐化""泛活动化"的可能,实践教学的效果也很难得到保证。当然,两种校内实践教学模式都存在着一定的合理性,同时也有着比较明显的不足。当前思政课实践教学大多采用的是课内实践与课外实践的有机结合,以"毛泽东思想和中国特色社会主义理论体系概论"课程为例,实践教学涵盖了课内实践、课外实践、校外实践等不同的模式。其中,校内实践教学设计可参考表4—1。

表4—1   校内实践教学设计(节选)

类 型	内 容	实践成果	实践要求
主题演讲类	伟人故事启迪、文化自信、从家乡变化谈发展、我的中国梦等	演讲稿或PPT课件	以2~3人为一组,搜集整理材料,时长5分钟以内
心得体会类、视频展示类	《沂蒙六姐妹》《建国大业》《建军大业》《走近毛泽东》等观后感;《习近平七年知青岁月》等读书心得;参观访问爱国主义教育基地、参观新农村等观后感;我的学习生活、美丽校园、疫情常态下我们的生活等微视频	心得体会或微视频	每人写一篇心得体会,字数1000字左右;微视频以3~6人为一组,自制微视频,时长3~10分钟

二、校外实践教学模式分析

校外实践教学是思政课理论教学的有益补充,也是发挥"社会大课堂"作用的主要形式。一般情况下,校外实践教学需要依托一定的平台,以班级、社团或小组为单位,引导学生走入社会,开展社会实践活动,有目的、有计划、有步骤地开展情境教育、参观访问、社会调查、科技扶贫、文化下乡、志愿者活动等。根据实践教学依托平台的情况,又可以将校外实践教学分为基地内实践教学模式和基地外实践教学模式两种类型。

对于基地内实践教学模式,简单地说就是充分挖掘和利用区域内外有价值的教育资源,通过共建实践教学基地、组织开展实践教学活动等,实现教育资源的共建共享。如习近平总书记对传承红色文化高度重视,强调"要用心用情用力保护好、管理好、运用好红色资源""增强表现力、传播力、影响力,生动传播红色文化"。每个地方都存在大量的历史遗存、文化遗迹、纪念馆、博物馆、展览馆等,这些遗存遗迹和文化场馆有着天然的教育属性和教育资源,能够在传播红色文化的同时,进一步丰富思政课实践教学的内容,拓展思政课实践教学的形式。在这种基地实践教学模式中,教学的目的性较强,教学内容和形式相对固定,是一种比较直观的实践教学模式。当然,这种实践教学模式对区域资源和教学环境的要求较高,很大程度上取决于区域内教学资源的丰富程度,教学基地是否能够支撑实践教学广泛开展的条件,因此也具有一定的局限性。

对于基地外实践教学模式,就是在各种教育基地以外开展的实践教学,以社会调研、志愿服务等形式体现。在基地外实践教学过程中,无论是教师直接带队还是学生自主完成,原则上教师扮演的是主题、方向或建议的指导者,学生在实践教学中的主体地位能够得到较好的展现。基地外实践教学结束以后,一般要求提供实践总结或调研报告,借此检验实践教学的成效。比如,围绕新时代十年城乡的变化、社情民意调查、地方红色文化传承和弘扬的调研等。仍然以"毛泽东思想和中国特色社会主义理论体系概论"课程为例,部分校外实践教学设计如表 4—2 所示。值得一提的是,相比基地内实践教学中的教师干预,基地外实践教学中学生的自主性更强,对学生的自我把控能力要求更高。如果在具体教学过程中完全放任学生,不排除实践教学流于形式化的风险,甚至可能发生学生编造调研报告敷衍了事的情况。①

---

① 陈晓,薄晓菲,李军海.高校思想政治理论课实践教学模式研究[J].广西教育学院学报,2022(1):100—103.

表 4—2 校外实践教学设计(节选)

类 型	内 容	实践成果	实践要求
实践活动类	结合专业的社区服务或新农村建设等社会实践、文化场馆(博物馆、展览馆、纪念馆等)担任兼职解说员或者志愿者	实践总结	2～3 人一组,利用假期或业余时间开展社会实践活动,提交不少于 1 500 字的实践总结
调研报告类	青年学生对马克思主义态度的调查、实事求是影响因素的调查、全面建设社会主义现代化国家(居民生活方式问卷调查)、基于某一区域社情民意的调查、青年学生文化自信的调查、青年学生爱国主义情怀的调查、青年学生社会主义核心价值观的调查、青年学生历史使命感的调查等	调查报告	3～6 人一组,利用假期或业余时间开展社会调研,提交不少于 2 000 字的调研报告

三、虚拟技术教学模式分析

虚拟技术,就是用一个虚拟系统模仿另一个真实系统的技术。虚拟技术实际上是一种可创建和体验虚拟世界(Virtual World)的计算机系统。这种虚拟世界由计算机生成,可以是现实世界的再现,也可以是构想中的世界,用户可借助视觉、听觉及触觉等多种传感通道与虚拟世界进行自然的交互。实践教学中的虚拟技术模式指的是通过虚拟现实等技术,构建虚拟场景、实验条件、逼真操作对象和学习内容等,将各种教学场景直接在课堂呈现,使得学生可随时随地在线模拟操作与自主学习。

在网络信息技术和可视化教学资源的加持下,虚拟技术实践教学模式为思政课实践教学改革拓宽了新的思路,提供了强有力的支持。一方面,虚拟技术实践教学在一定程度上克服了传统校内实践教学、校外实践教学因受到时空的局限、难以保证教学效果的问题,在同一个课堂中将理论教学与实践教学共同呈现,让学生保持学习的自觉性,从而更好地保证教学效果。另一方面,虚拟技术教学运用的信息技术、技术装备,使用的视频、动漫等教学资源,更加符合"00 后"学生的兴趣和爱好,有助于调动学生的学习积极性和主动性,让学生在快乐学习中深化对所学知识的理解,起到润物细无声的教育效果。

具体到虚拟技术实践教学的组织实施过程,其最大的特点是教学场景的"身临其境"和教学主体的"角色扮演"。在教师的统一指导下,学生通过技术设备进入既定的教学场景,伴随着教师的讲解,学生跟随镜头的变化完成教学体验,从而完成一次实践教学。以"长征"为例,虚拟技术实践教学的简要设计如下:教师提前将教学内容告知学生,学生自主学习并搜集相关的学习资料;学生在教师的指导下穿戴好教学装备,借助3D技术形成的视频资料,沉浸式体验红军的两万五千里长征,特别是四渡赤水、巧渡金沙江、强渡大渡河、飞夺泸定桥、翻雪山、过草地等场景,在实境体验中了解那段艰苦而悲壮的历史,同时借助旁白讲解,接受革命传统教育和爱国主义教育;教师进行总结,并适当地与学生进行互动,加深对所学知识的理解。在这一过程中,由于虚拟技术系统是由数字媒体开发的,在教学之前必须做好设备的维护和调试、教学资源的收集和整理,以及教学内容的设计和安排等具体工作。

当然,作为一种随着网络信息技术发展起来的新型的实践教学模式,虚拟技术实践教学也并非是完美无缺的。如虚拟技术教学资源的成本相对较高、教学资源的更新较慢、对网络技术的要求较高、同一时间内学生参与的数量受到限制等,都是不容忽视的问题。不过我们相信,随着网络信息技术的发展和虚拟技术的日益成熟,虚拟技术在教学中的应用将会更加普遍,虚拟技术实践教学的优势和效果会得到更好的提升。①

总之,在"大思政课"建设背景下"思政小课堂"与"社会大课堂"的结合,无论是校内实践教学模式、校外实践教学模式,还是虚拟技术实践教学模式,都是思政课理论教学的有益补充,都具有一定的合理性和优越性,同时也都存在着一些问题和不足。为此,思政课实践教学需要根据教学目标和教学内容的需要,在充分做好教情和学情分析的基础上,选择适当的实践教学模式,才能保证实践教学的针对性和实效性。

---

① 陈晓,薄晓菲,李军海.高校思想政治理论课实践教学模式研究[J].广西教育学院学报,2022(1):100—103.

第五章

思政小课堂与社会大课堂结合
的问题及成因分析

第一节　两个课堂深度结合现状的调查

"大思政课"建设对传统思政课教学提出了更高的要求,在搞好"思政小课堂"的同时,必须重视"社会大课堂"的作用,实现两个课堂的有机结合,从而更好地提升思政课的教学质量和效果。按照"大思政课"建设的这一要求,两个课堂的结合应该是深度的、有效的。那么,事实又是什么样的情况呢? 教师和学生对两个课堂的结合又是如何评价的呢? 带着这些问题,我们面向全国部分高校开展了一项问卷调查,此次调查共收回有效问卷 3 506 份,其中教师问卷 462 份,学生问卷 3 044 份。结合问卷调查的结果和日常工作的经验,对两个课堂深度结合的现状分析如下:

一、教师眼中的结合:基于"教师数据画像"

在收集的 462 份教师问卷中,思政课教师 438 份,占到 94.81%。考虑到研究问题的紧密关系和熟悉程度,仅对 438 份思政课教师的问卷进行统计分析。同时,根据调查题目之间的相互关联,从认知态度、实践体验和现状评价三个方面展开分析,尽可能准确地呈现出思政课教师对两个课堂结合情况的"数据画像"。

(一)教师对两个课堂结合的认知态度

根据调查数据显示,思政课教师对于"您所在学校哪些思政课程开展了社会实践教学?"这一问题的回答中,除了"形势与政策"这门课程,其他的几门思政课程都开展了社会实践教学,这个与"形势与政策"课程的专题化、时事性特点有关。对于"您认为思政课的理论教学和实践教学哪个更重要?"这一问题的回答,92.69%的教师认为理论教学和实践教学同等重要,仅有7.31%的教师认为理论教学更重要。关于思政课教师对两个课堂结合的认识,可以大致从两个问题的回答中得到答案:"您认为学校思政课是否应当加强社会大课堂教学?",认为"应当加强"的占到了95.44%,适当加强的占4.56%;"对于思政小课堂与社会大课堂的结合,您的态度?",回答"需要深度结合""可以适当结合"的占比达到了99.32%,如图5-1所示。由此可见,思政课教师对两个课堂的结合表现出了极大的关注,总体上认为两个课堂的结合对于思政课教学质量和教学效果的提升是非常必要的而且是必需的。

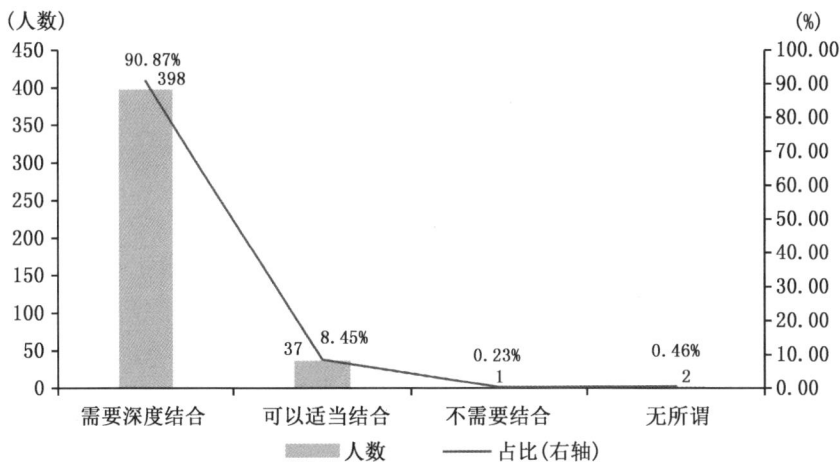

图5-1 教师对两个课堂结合的态度

(二)教师对两个课堂结合的实践体验

根据调研了解到,绝大多数思政课教师都在积极探索两个课堂结合的途径和方式,并且在实践中积累了一定的经验、取得了一定的成效。如"您所在学校的思政课是否组织学生到校外实践教学?",100%的教师给出了肯定的答案。"您认为开展社会大课堂的教学资源有哪些?","红色文化资源""教育基地资源""城乡经济发展资源""生态资源""网络资源"的关注度都较高,并且成为很多思政课教师实践教学的重要依托,如图5-2所示。"您所在学校的思政课开展过以下哪些校外实践活动?",根据教师回答排名由高到低依次是:参观博物馆/纪念馆、参观革命老区/红色基地、参观先进企业、参观社区/新农村建设,如图5—3所示。可见,在贯彻落实上级关于"大思政课"和思政课创新改革各项规章制度及相关文件的过程中,思政课教师能够以实践教学为切入点,开展两个课堂结合的实践探索,这已经成为思政课日常教学改革的常态,并且绝大多数思政课教师有着非常好的实践体验。

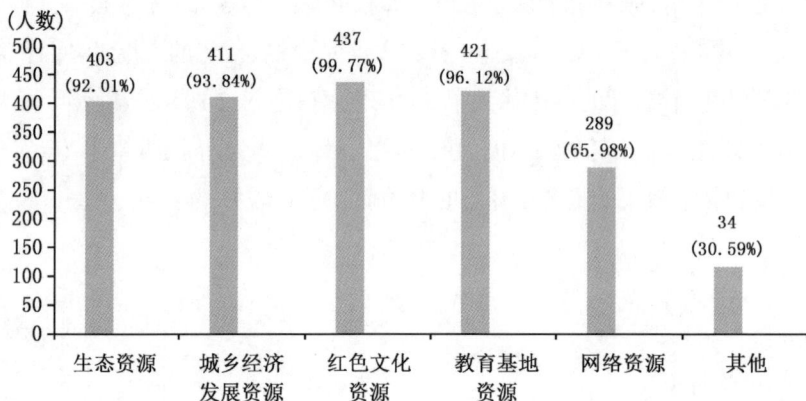

图5—2 教师认为社会大课堂的教学资源

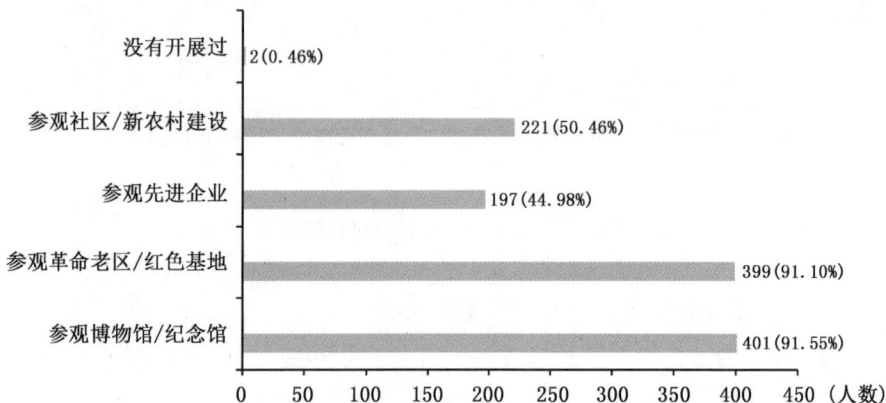

图5—3 学校思政课开展的校外社会实践活动

(三)教师对两个课堂结合现状的评价

调研中,"您对学校利用社会大课堂开展的实践教学活动是否满意?",对于这一问题的回答能够直观地反映出教师对两个课堂结合现状的总体评价,"很满意"

的占 20.09％，"比较满意"的占 48.40％，"一般"的占 24.20％，"不满意"的占 7.31％，满意度并不是很高，如图 5—4 所示。"您认为思政小课堂与社会大课堂结合面临哪些困难？"，占比较高的三个选项分别是：文件要求落实不够、缺乏相应经费支持、合作效能需要提升。对于"您认为思政小课堂与社会大课堂结合的问题有哪些？"，回答涉及"活动形式传统、单一""教师的实践教学水平不高""与青年学生的兴趣不匹配，学生参与度不高""校外实践教学基地数量少、质量差，影响实践教学的实效""理论教学与实践教学之间未形成良好衔接"等多个方面，如图 5—5 所示。可见，虽然两个课堂的结合已得到了教师的普遍认同，但其实践探索还处于初级阶段，再加上可能存在的现实困难，两个课堂的深度结合还有很长的路要走。

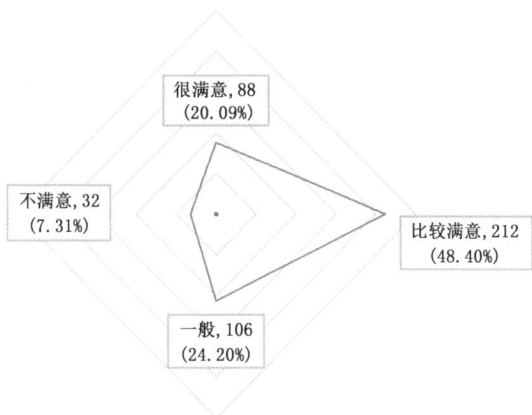

图 5—4　对利用社会大课堂开展实践教学活动的满意度

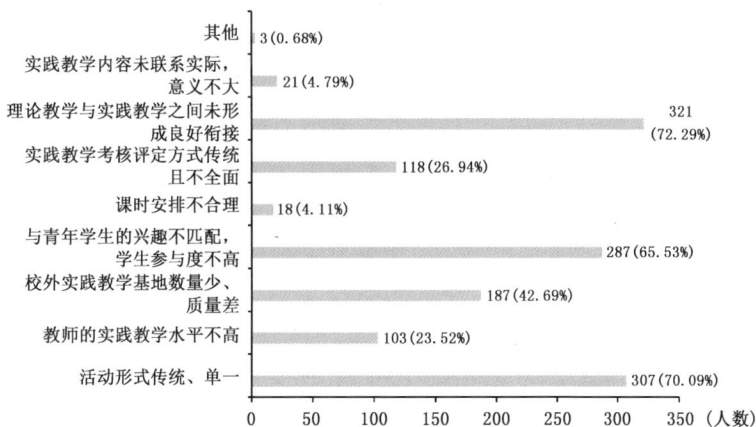

图 5—5　教师认为两个课堂结合存在的问题

二、学生眼中的结合:基于"学生数据画像"

在收集的 3 044 份学生问卷中,一年级学生 586 人,占比 19.25％;二年级学生 1 764 人,占比 57.95％;三年级学生 694 人,占比 22.80％。考虑到思政课的开设及实践教学涵盖到所有年级,研究坚持整体与部分相结合的原则,在总体上对 3 044 份学生问卷进行统计分析,在涉及具体问题时进行分年级的统计分析。同时,根据学生对调查问题的认识和实践情况,从认同感、体验感和获得感三个方面展开分析,尽可能准确地呈现出学生对两个课堂结合情况的"数据画像"。

(一)学生对两个课堂结合的认同感

相对于思政课教师,有些学生对两个课堂的认识没有那么深刻,对于个别问题的回答存在非此即彼的情况,但从总体上来看基本反映出了学生对两个课堂结合的认同程度。比如,"您认为学校思政课是否应当加强社会大课堂教学?",2 364 人认为"应当加强",占比 77.66％;516 人认为可以"适当加强",占比 16.95％;164 人认为"没有太大必要"和"无所谓",占比 5.39％。"对于思政小课堂与社会大课堂的结合,您的态度?",回答"积极参加"和"比较愿意积极参加"的占到 99.80％,说明学生对两个课堂的结合表现出了很大的兴趣,并且有着非常强烈参与的积极性。而对于"在思政课实践教学的各种形式中,您更喜欢哪些形式?",学生的兴趣点由高到低依次是:"红色观影活动及参观红色基地、红色景点""社会实践活动或社会调查""演讲比赛、唱红歌、话剧等""品读红色经典",如图 5—6 所示。

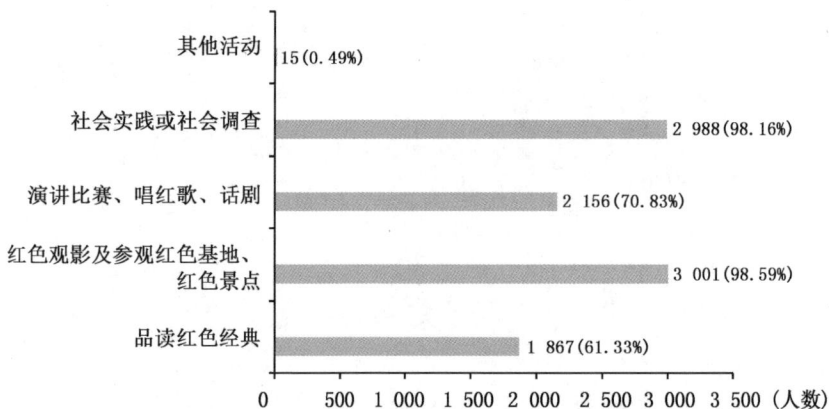

图5—6 学生对思政课实践教学活动的喜欢程度

（二）学生对两个课堂结合的体验感

根据调查结果,工科和艺术类学生的体验感高于理科和文科类,这可能与学生的专业特点以及对社会实践的认知有一定的关系。具体到调查的各个问题,"您所在学校的思政课是否组织学生到校外实践教学？是否将价值塑造融入实践过程？",回答"开展校外实践,有价值融入"的占 66.06%,"开展校外实践,无价值融入"的占 24.11%,"无校外实践,校内实践有价值融入"的占 9.79%,如图 5-7 所示。值得注意的是,两个课堂结合的过程中,形式上的结合和内容上的融入应当是统一的,仅有实践的外衣而缺乏价值的融入是没有意义的。对于"您是否知道或到过所在学校建立的思政课校外实践基地？",调查结果显示"知道,也去过"的 2 035 人,占 66.85%;"知道,但没去过"的 690 人,占 22.67%;"不知道,也没去过"的 319 人,占 10.48%。对于"您所在学校的思政课开展过以下哪些校外实践活动？",参观博物馆/纪念馆、参观革命老区/红色基地、参观社区/新农村建设、参观先进企业等选项的占比都较高,如图 5-8 所示。这也反映出了学生能够积极参与两个课堂的结合,并且在实践中获得了较好的体验感,一定程度上有助于提升思政课的教学成效。

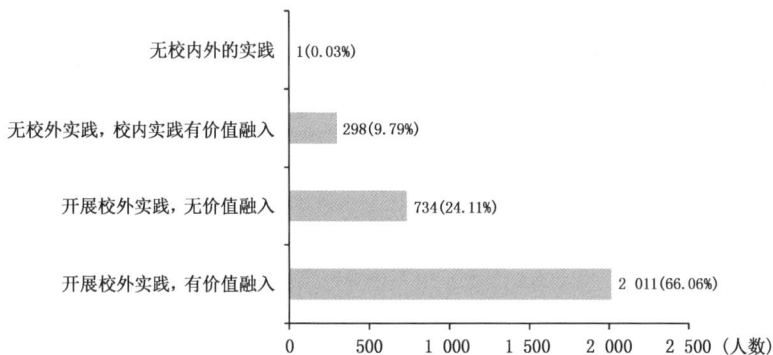

图 5-7　校外实践教学与价值融入情况

（三）学生对两个课堂结合的获得感

调查问卷中的几道题目能够非常明显地反映出学生对两个课堂结合的满意度和获得感。如"您对学校利用社会大课堂开展的实践教学活动是否满意？",917 人表示"很满意,有助于理解所学理论,扩大知识面,开阔视野";1 792 人表示"比较满意,虽理论和实践有差距,但有助于了解社会",两项相加的满意率高达 88.99%。"您认为参加社会大课堂的教学活动是否有收获？",认为"收获很大"的占 30%;

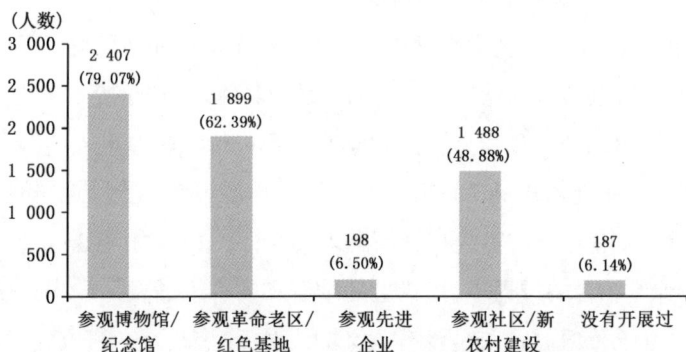

图 5—8　学生所在学校思政课开展的社会实践活动

"还可以,有一定的收获"的占 59%,如图 5—9 所示。"社会大课堂的开展对您有哪些帮助?",学生的回答集中在:"树立正确的世界观、人生观、价值观""提升思想政治素质,增强道德修养""培养社会责任感和使命感""增强对优秀传统文化的传承意识""提高职业道德与素养""形成科学思维和创新精神"等几个方面,如图 5—10 所示。当然,在总体满意的同时,学生认为两个课堂的结合也还存在一些问题,主要表现在:活动形式传统、单一,校外实践教学基地数量少、质量差,与青年学生的兴趣不匹配,实践教学内容未联系实际、意义不大等几个方面。可见,学生对两个课堂的结合总体上满意的,认为有较好的获得感,但也还存在一些希望和建议,这些也将是两个课堂结合需要重点关注的问题。

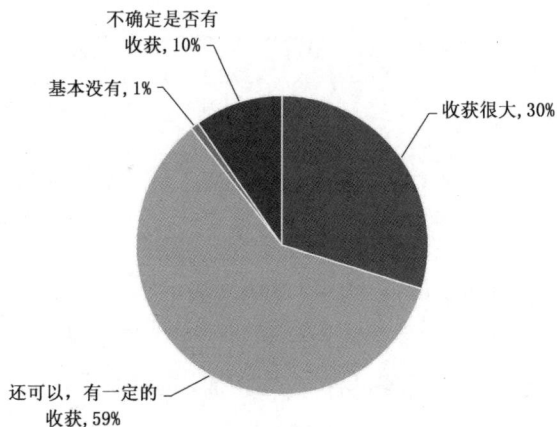

图 5—9　学生参加社会大课堂的总体评价

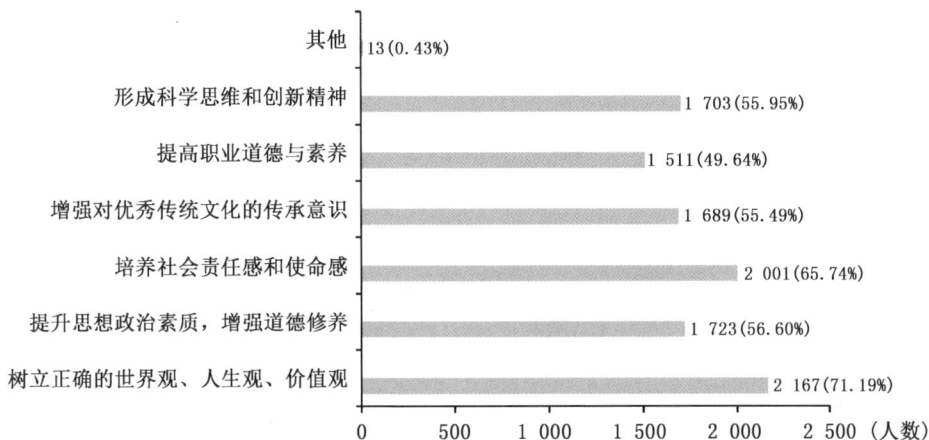

图 5—10 学生参加社会大课堂获得的帮助

第二节 两个课堂深度结合存在的问题

教学是有着特定目的的教育活动,"大思政课"建设背景下,两个课堂的深度结合有助于强化学生的理论学习和实践体验,推动思政课真正实现理论联系实际,提升思政课的教学质量,让学生在思政课上具有更好的获得感和满足感。然而,传统思政课教学中暴露出的一些问题也必须引起我们足够的重视。结合调查中师生反馈的信息,目前两个课堂的深度结合至少存在三个方面的问题:教育目的上的分离、教育内容上的脱节和教育形式上的不统一。[1]

一、在教育目的上存在相分离的状况

叶澜教授谈到教育作为概念的界定时,首先把"活动"作为界定"教育"的起点,并通过对三个方面的讨论,明确了教育究竟是一种以什么为基本特征的活动,最终得出了当前为普遍认同和接受的教育概念。作为一种社会活动,教育的目的是有意识地影响人的身心发展。[2] 调研中,无论是教师还是学生都明确地指出了两个课堂结合中的一个问题,理论教学与实践教学并未形成良好的衔接。

[1] 韩喜平,王晓阳.论思政小课堂与社会大课堂的结合[J].思想理论教育,2019(10):68—71.
[2] 叶澜.教育概论[M].北京:人民教育出版社,2013:3—12.

两个课堂结合的重要途径是社会实践教学。从理论上来讲,社会实践教学是依托"社会大课堂",在实践中进行的教学活动,相比于"思政小课堂",其教学场域与教学方式发生了较大的变化,更加强调的是理论知识的实践验证和实践应用,两个课堂在教育目的上应该是一致的。

但是,在思政课实践教学的具体操作中却存在两个课堂教育目的"相分离"的状况,表现为"活动"对"教学"的遮蔽。如,有些思政课教师在实践教学中带领学生走进社会,参观博物馆、纪念馆、红色教育基地等实践活动,教师带得很轻松、学生玩得很开心,实践活动结束之后实践教学也就随之结束了,没有理论的验证更没有理论的升华。在这里,学生似乎只是参加了一场实践活动,没有体会到教学活动的存在,没有达到实践活动与教学目的的统一,最终的结果自然是思政课实践教学的流于形式。更有甚者,由于思政课教学标准中规定了实践教学的学时要求,有些学校"上有政策、下有对策",把实践教学仅仅停留在教学大纲,事实上并没有对照教学计划实际开展类似的社会实践活动,有时会程序性地要求学生利用假期自主开展社会实践调研,社会实践教学的效果大打折扣。

调研中发现,24.11%的学生反映,虽然开展了社会实践,但是无价值融入。对于存在以上一些问题的原因,既有不少思政课教师思想认识的问题,对"社会大课堂"的重要性缺乏足够的认识,还有一些思政课教师本身社会实践能力缺乏,特别是很多年轻的思政课教师,都是从一个学校毕业直接进入另一个学校工作,理论知识的丰富无法代替社会实践经验的不足。

二、在教育内容上存在相脱节的情况

思政课的特殊性质和特点决定了其必须以理论阐释为基础,在一定程度上来讲遵循着"内容为王、以理服人"的基本逻辑。当然,这个理不仅仅指的是学理,还包括了道理、情理、事理等,这就需要理论紧密联系实际,需要"思政小课堂"与"社会大课堂"的深度结合,离不开理论教学与实践教学的相互促进,在实践教学中验证理论,并用理论指导新的实践。其中,实践教学的主要作用是通过"社会大课堂"的社会实践巩固和深化对思政课教学的理论认识,因而实践教学的内容应当与理论教学紧密相关,需要根据理论教学内容的需要去确定合适的实践内容和方式。

现实中"应然"与"实然"之间存在着一定的差距,两个课堂在教育内容上存在

相脱节的两种情况：一是部分思政课教学过分偏重单向理论知识的"灌输"，忽略了"社会大课堂"实践教学的知识互补，使得"思政小课堂"与"社会大课堂"没法有效地结合。如在讲到"建设社会主义生态文明"时，其中很多的内容需要现实的案例为学生直观展现，但部分教师习惯于给学生播放视频、展示图片，对当前的国内外热点话题只字不提，更不会带学生到社会实践中实地观看和调研，这样的实践教学在内容是"有名无实"的；二是有些思政课教师并非不重视"社会大课堂"的实践教学，而是存在认识"窄化"的问题，想当然地认为"思政小课堂"和"社会大课堂"的区别主要在于地点的不同，"思政小课堂"主要是在课堂上开展的教学活动，"社会大课堂"是在课堂外开展的社会实践，因而将"社会大课堂"的实践教学简单地等同于各种表象化的社会实践活动，无形中消解了"社会大课堂"的教学内容。另外，受上课人数、实践经费、人身安全等多种因素的影响，"社会大课堂"教学活动的开展往往就会局限于既有条件下的实践活动安排，在具体实践中表现为两种偏见：或者根据教师的兴趣来确定，或者根据学生的偏好来选择，而不是根据教学内容的需要选择最合适的实践教学方式。正如调研结果反映的那样，73.29％的思政课教师认为"理论教学与实践教学之间未形成有效衔接"，4.79％的教师反映"实践教学内容未联系实际，意义不大"。

三、在教育形式上存在不统一的情形

内容与形式是辩证法的一对基本范畴，两者在对具体事物的解释中表现为辩证的统一。任何事物既有其内容，也有其形式，不存在无内容的形式，也没有无形式的内容，内容决定形式，形式服从于内容，并随内容的变化而变化。同时，形式对内容又有反作用，形式适合内容，就促进内容的发展，形式不适合内容，则阻碍内容的发展。对于思政课来讲，无论是"思政小课堂"还是"社会大课堂"，其教学内容都需要一定的教学形式得以体现，并不断强化教学的理论内容，教学形式在根本上是为教学内容服务的。

一般而言，根据思政课的理论教学内容，思政课的实践教学具体包括了基地教育、社会实践、案例教学、经典阅读、校园活动、调查研究、情感体验七种基本形式。每一种教学形式发挥的教育功能各不相同，体现了实践教学形式本身的多样性与

层次性。① 在这七种基本形式中,既有"思政小课堂"在课堂或校园内的延伸,也有依托"社会大课堂"的社会实践。

在调研中,实践教学基本涵盖了学生对于实践教学形式的所有需求,同时,教师和学生都明确表示,教师带领学生开展过参观博物馆、纪念馆、革命老区、红色基地、先进企业、社区、新农村建设等社会实践教学,并且取得了较好的成效。但是,思政课教学具体采用哪一种教学形式,需要根据理论内容和要求的不同,具体问题具体分析,不能"眉毛胡子一把抓",更不能"张冠李戴"。如目前有些学校在开展"社会大课堂"实践教学时,关注的重点是参与实践教学活动学生的覆盖面,片面强调活动的规模和数量,这样的行为往往又是以简化实践教学形式为代价的。② 因而调研统计的数据显示,"活动形式传统、单一"的比例都相对偏高,教师回答占比70.09%,学生回答占比 80.12%。

第三节　两个课堂深度结合问题的诊断

根据"大思政课"高质量建设的要求,针对两个课堂深度结合中存在的问题,究其原因主要在于教学主体的参与度不够、教学平台的融合度不够、教学机制的协同度不够。③ 具体表现为:教学主体协同育人的积极性尚未充分调动;教学载体依托实践平台资源尚未有效整合;教学管理组织保障体制机制尚未完全建立;无法完全适应"大思政课"之"大"的需求。

一、教学主体:协同育人的积极性尚未充分调动

1957 年,毛泽东同志在《关于正确处理人民内部矛盾的问题》中指出:"思想政治工作,各个部门都要负责任。共产党应该管,青年团应该管,政府主管部门应该管,学校的校长教师更应该管。"2018 年,习近平总书记在全国教育大会上指出:"办好教育事业,家庭、学校、政府、社会都有责任""全社会要担负起青少年成长成

---

① 杨增崇.高校思想政治理论课实践教学的困境及突破[J].思想理论教育导刊,2016(10):100—103.
② 韩喜平,王晓阳.论思政小课堂与社会大课堂的结合[J].思想理论教育,2019(10):68—71.
③ 秦晓华."大思政课"视域下思政课实践教学改革的困境与出路[J].学校党建与思想教育,2023(13):70—74.

才的责任。"①"大思政课"具有参与性强、辐射面广的特点,其高质量建设不再是单纯条线性的,而应当是一项全方位的工作,学校和社会都应当承担起相应的育人责任。两个课堂结合中之所以出现育人目标、内容及形式上不统一的情况,一个最主要的问题是教学主体的参与度不够,不同育人主体之间协同育人的积极性尚未充分调动起来。

(一)体现为学校育人主体的参与度不够

马克思主义主张人自由全面地发展,教育是有意识地影响人的身心发展为目的的实践活动,其中的一项重要职能就是促成人的自由全面发展,因而教育也应该是全面、完整的。反映在学校教育系统中,除了传统的思政课以外,所有课程、所有教师都承担着思想政治教育的职责和使命。2020年,教育部印发的《高等学校课程思政建设指导纲要》明确指出:"让所有高校、所有教师、所有课程都承担好育人责任,守好一段渠、种好责任田,使各类课程与思政课程同向同行、将显性教育和隐性教育相统一,形成协同效应,构建全员全程全方位育人大格局。"但由于受到固有思维的影响,部分教师依然认为思想政治教育是思政课教师的事,导致了日常教学中专业教育与思想政治教育"两张皮"等现象的发生,思政课程与课程思政并未同向同行,在这样的情况下,思政课教师只能默默坚守。思政课教师群体整体上来讲是德才兼备的,基本上能够适应"大思政课"建设的要求。但是,近年来随着这一群体数量的不断壮大,思政课教师群体的认识提升和能力增长本身也需要一个历练的过程,特别是部分思政课教师本身固有的重理论教学轻实践教学、重课堂讲授轻社会实践等问题,需要在社会实践中优化和改进,否则会在一定程度上影响"社会大课堂"实践教学的开展。

(二)体现为社会育人主体的参与度不够

2019年,习近平总书记在学校思政课教师座谈会上突出强调:"推动形成全党全社会努力办好思政课、教师认真讲好思政课、学生积极学好思政课的良好氛围。""大思政课"建设特别是两个课堂的深度结合,不仅需要学校专职的思政课教师和其他专门的教育工作者,而且需要社会不同育人主体的积极参与,比如红色教育基地的负责人、讲解员,具有一定影响的先进典型、劳动模范、社会工作者等。从目前的情况来看,由于缺乏相应的引导机制、交流机制、保障机制等,除了教育主管部门

---

① 蓝波涛,覃杨杨.构建大思政课协同育人格局:价值、问题与对策[J].教学与研究,2022(2):92—100.

的有限参与以外,思政课教师仍然是两个课堂教学的绝对"主角",各类社会主体参与两个课堂协同育人的意愿和积极性并未充分调动起来。如教育主管部门作为社会主体之一,尽管通过制定一系列制度,对思政课实践教学的学分要求、教学样态、组织形式等方面都作出了明确规定,但在具体的监管中仍然偏重于理论教学的监管,对实践教学的监管有所忽略。再比如,与"社会大课堂"教学紧密相关的一些社会育人主体,在思想和行为方面都是置身事外,处于被动应付的状态,在资源供给、条件保障等方面未能发挥有效的支撑作用,这些也都在一定程度上影响和制约着两个课堂结合的深度和广度。

二、教学载体:实践教学平台资源尚未有效整合

根据系统论的观点:系统的功能发挥离不开构成系统的各种结构和要素,各种要素通过一定的结构组合成为一个整体,系统才能获得某种功能;构成系统的要素越是优质,结构越是合理,系统各个部分之间的相互关系和作用就越协调,系统整体功能的发挥也就越有效。对于思政课来说,思政课的教学载体可以看作是承载思政课教学目标、任务、内容、形式等的一切教育活动形式。在"大思政课"建设背景下,两个课堂结合的平台和载体存在于课堂内外、学校内外、线上线下。无论是依托"思政小课堂"的理论教学还是借助"社会大课堂"的实践教学,如果想要高效率地推进实践运行,都需要在不断优化教学方案、激发师生兴趣的同时,挖掘、整合和利用好各种教学资源,并不断提升教学资源的使用绩效,实现对教学主体和要素的同步激励。

近年来各个学校都在扎实推进的课程思政,虽然得到了普遍的认同,也取得了不错的成绩,但是总体上仍然存在专业课程教学中思政元素挖掘不够、协同配合不力等问题,简单的"拼盘组合"、强行建立联系的现象一定程度上广泛存在,很多课程的盐还是盐、水还是水,"盐溶于水"的价值和功能并未完全彰显。相对于"思政小课堂","社会大课堂"对于教学平台、载体和资源无疑有着更强的依赖性,需要更深入的挖掘和更深度的整合。分析两个课堂深度结合中存在的问题不难发现,目前两个课堂的实践教学在校内外育人资源的挖掘和整合方面都还不太充分,无论是课上课下资源、校内校外资源、还是线上线下资源都缺乏周密的布置和精心的安排,某种程度上存在彼此分离、各自独立的"割据状态",两个课堂的作用没有形成合力。

（一）两个课堂结合中实践教学资源的挖掘不深

目前,思政课实践教学依托的主要平台和载体有课堂实践、校内实践、社会实践和网络实践,这些平台中都蕴含着丰富的教学资源,本身具有"隐性教育"的作用,需要深入挖掘这些资源蕴含的教育价值及其与教学内容之间的相互联系,实现"显性教育与隐性教育相统一"。然而,很多思政课教学存在"拿来主义"的思想,想当然地认为实践平台和资源都是万能的,对各种教学平台和资源不加区别地使用,不仅造成对实践教学资源的盲目依赖,而且大大弱化了各种资源本身的教育价值。

（二）两个课堂结合中实践教学资源的整合不够

社会实践平台和资源有些是天然存在的,如历史遗址遗迹、自然生态环境等;有些是人工制造的,如各种博物馆、展览馆、纪念馆等;还有些是借助网络信息技术模拟生成的,如虚拟空间等。尽管空间和场域不同,但是在铸魂育人方面是一致性,理应有效加以整合,发挥各自优势,形成共同育人合力,方能更好地满足两个课堂深度结合的需求。

现实中各种平台和资源"标准不一""各自为政"的现象依然在一定范围内普遍存在,其中的管理主体不同、工作职责不同、资金支持不够等是主要的原因。如受制于各种主客观因素的影响,不少学校思政课教学偏重于校园实践平台和网络实践平台建设,不太重视利用社会实践平台,实践教学平台的规模有限、质量不高,无法形成由浅入深的实践教学"发展链"。相反,一些社会育人主体在国家政策导向下重视社会实践基地的建设,却缺乏育人的渠道和途径。如果相互之间缺乏平台和资源的整合,导致的结果就是资源的严重浪费。① 既不符合"大思政课"关于两个课堂深度结合的建设要求,也无法满足学生对于思政课实践教学多样化的期待和要求。

三、教学管理:组织保障体制机制尚未完全建立

2020 年,教育部印发的《新时代高等学校思想政治理论课教师队伍建设规定》明确提出:"鼓励高等学校统筹地方党政领导干部、企事业单位管理专家、社科理论界专家、各行业先进模范以及高等学校党委书记校长、院（系）党政负责人、名家大

---

① 秦晓华."大思政课"视域下思政课实践教学改革的困境与出路[J].学校党建与思想教育,2023(13):70—74.

师和专业课骨干、日常思想政治教育骨干等讲授思政课。"对于"大思政课"的高质量建设,除了教学主体的协同参与、教学载体的有效整合以外,健全的机制建设、顺畅的机制运行是保证各项目标任务落细落实落地的关键所在。在教育部等上级教育主管部门一系列宏观政策文件的加持下,经过多年的探索和努力,思政课实践教学逐步走上制度化、规范化的轨道,取得了一定的改革成效。之所以还存在结合不够、作用不显、成效长期处于低位等问题,与具体条件下的组织保障机制缺位有关。

(一)政策引导机制不够充分,全社会重视思政课的氛围未形成

习近平总书记指出:办好思政课是全社会的共同责任,人人都应该关心思政课、重视思政课,成为落实"立德树人"根本任务的重要一份子。当然,这是比较理想的状态。而在特定的历史发展阶段,理想状态和现实情况往往总是存在差距,也有人习惯地称之为"应然"与"实然"之间的矛盾。虽然大部分人具有了"立德树人"的思想和意识,但由于缺乏具体的教育和引导机制,在协同育人行动方面明显滞后。大家仍然习惯性地认为思政课建设是学校的责任,是马克思主义学院的责任,是思政课教师的责任,真正参与到思想政治教育实践中的意识不强、动力不足、行动力缺乏,全党全社会关心和支持思政课建设的氛围远未形成,"大思政课"协同育人格局的构建还面临不小的挑战。[①]

(二)交流合作机制不够健全,各部门缺乏协同一致的育人行动

"大思政课"建设是一个系统工程,"思政小课堂"与"社会大课堂"的深度结合需要多元主体的协同努力,其中的交流合作机制是必不可少的。现实运作过程中,部分学校对内和对外的沟通交流都不够顺畅,缺乏常效交流合作机制,制约了两个课堂结合的程度和效果。一方面,对内存在"多头管理"的情况。在国家政策的推动下,各个学校的马克思主义学院、教务处、学生处、团委、宣传部等职能部门都能够参与思政课建设,将思政课的改革创新向前推进了一大步。但同时也带来一些新的问题,如多个主体之间职责不清的问题、管理权限不明的问题等。如果缺乏合理的交流合作机制,在没有形成统一的思政课实践教学管理体系的情况下,容易出现思政课实践教学中的自发性和随意性。另一方面,对外存在"貌合神离"的情况。各个学校本着资源共享的原则,校地共建了一些校外实践教育基地,这些基地的建设也为两个课堂的深度结合准备了条件。但是调研反馈的结果显示,很多共建基

---

① 蓝波涛,覃杨杨. 构建大思政课协同育人格局:价值、问题与对策[J]. 教学与研究,2022(2):92—100.

地浮于表面,单纯就是为了"挂牌子""要面子",缺乏常态化的互动交流和联动机制,表面上的"热闹"掩盖不了实际运行中的"冷清",难以获取到深层次的支持,很难实现常态化、长效化的育人效果。

(三)服务保障机制不够完善,协同育人效应没有得到充分发挥

一般意义上来说,按照机制的功能划分,可以分为激励机制、制约机制和保障机制,其中的保障机制主要指的是为管理活动提供物质和精神条件的机制。在"大思政课"高质量建设的过程中,"思政小课堂"与"社会大课堂"的深度结合,不仅需要政策引导、交流合作,同样需要服务保障。这里的服务保障可能会涉及经费支持、质量管控、学分管理等非常现实的问题,这是当前思政课实践教学创新改革的难点和堵点,同时也是"大思政课"建设不容忽视也无法回避的问题。如随着"思政小课堂"向社会空间的延伸及向虚拟空间的拓展,建设经费必然会大幅度增加,这就需要更加充足的经费支持和保障。对于有些思政课建设经费本身就比较紧张的学校来说,如何筹集和争取到更多的资金支持,这将是两个课堂深度结合面临的一个新挑战。再比如,关于学生参与两个课堂教学之后的考核评价。传统的思政课考核大多采用的是理论知识考试为主要表现形式的终结性评价,评价中存在"重理论知识轻价值能力""重结果轻过程""重传统轻创新"等问题,不再符合"大思政课"建设的新要求,既无法从整体上反映出"社会大课堂"实践教学的效果,也不能让学生体会到"社会大课堂"的获得感,需要因势而变、顺势而为,逐步健全和完善考核评价机制,加强过程性评价的考核,实现过程性与结果性评价的统一。

第六章

思政小课堂与社会大课堂结合的案例呈现与剖析

第一节　案例呈现:以 C 学校为典型案例

"四理贯通、四环紧扣"思想政治理论课教学改革与实践,是 C 学校(高职)在"大思政课"建设理念下,基于多年的思政课教学改革实践,总结提炼出的思政课教学改革模式。按照习近平总书记关于思政课建设"八个统一"的要求,立足于"思政小课堂"与"社会大课堂"的深度结合,着眼于影响和制约思政课教学中"理论与实际联系不够紧密",导致"到课率低"(不想)"抬头率低"(不听)"点头率低"(不信)等问题,以"实际"为中轴,坚持"让理论走进实际,讲学生满意的思政课"为目标,通过系统化的思维和专题化的设计,一定程度上打通了理论与实际贯通的路径,增强了思政课堂的生动性和吸引力,提高了思政课上学生学习的满足感和获得感。具有创新性、普适性,并符合思政课特色。

一、提出背景及实践探索历程

习近平总书记指出:"思想政治理论课要坚持在改进中加强,提升思想政治教育亲和力和针对性,满足学生成长发展需求和期待。"在政策层面,从《关于进一步加强和改进高等学校思想政治理论课的意见》(2005),到《普通高校思想政治理论课建设体系创新计划》(2015)、《关于加强和改进新形势下高校思想政治工作的意见》(2017)、《关于深化新时代学校思想政治理论课改革创新的若干意见》(2019)、《新时代学校思想政治理论课改革创新实施方案》(2020)等近 30 个文件密集发布,为思政课教学改革明确了方向、提供了指南。

2011 年起,学校在创建省级示范性高职院校过程中,将思政课改革创新和教师队伍建设作为重大项目推进。2013 年,学校获批省级思政课教育教学改革创新示范点项目。在建设过程中,在充分调研和反复论证的基础上,探索出"让理论走进实际,讲学生满意的思政课"的教学改革思路,并围绕这一问题立项了省级教育教学改革研究课题《高职院校思想政治理论课专题模块教学模式的理论与实践探索》等省级项目,以及《思政课教学做一体化课堂教学改革》等 10 余项教改项目,公开发表教改文章 30 多篇。

2016 年,学校被确定为省级高校示范马克思主义学院培育建设单位。多年来,根据中央、省委教育主管部门关于思政课建设的文件精神,以省级示范马克思主义学院(培育点)创建为抓手,以思政课教学质量提升为重点,围绕"理论究竟如何精准、有效地联系实际"的问题,整合校内校外、线上线下、理论实践等有效资源,不断探索教材体系向教学体系转化、知识体系向信仰体系转化的路径和方法,将教学成果进一步落地落实,在实践中验证,取得良好效果,形成可推广经验。先后获批省级优秀教学团队,打造校内虚拟现实(VR)思政教育实践基地,完成多门课程的有效课堂认证,主编"十三五"项目专题化辅助教材,完成省市级教改课题 20 多项,发表论文近百篇。同时,在校内建成思想政治教育体验中心,教学改革做法在《教育工作简报》专题报道,之后又被《中国教育报》《高职教育质量年报》等专题报道。同时,人民网、中国社会科学网、中国高职高专教育网等主流媒体进行报道上百次。

二、核心思想及解决主要问题

(一)成果的核心思想

"四理贯通、四环紧扣"思政课教学改革与实践,着眼于影响和制约思政课教学中因"理实脱节"导致"到课率低""抬头率低""点头率低"的问题,依托"思政小课堂"这一主阵地、"社会大课堂"承载的校内外实践基地和网络在线资源,提出政理、学理、事理、情理"四理贯通"的教学改革理念,辅之以教材体系创新、在线课程建设、有效课堂认证、实践教学体验"四环紧扣"的教学改革路径,如图 6－1 所示。通过教学内容、教学过程和教学载体等方面的系统改革,做到"学理支持政理、学理解释事理、知识输送价值、实践提升情感",实现"教材体系向教学体系的转化""知识体系向信仰体系的转化",大大提升了思政课教学质量,同时提高了思政课教师的教研水平,增强了学生课堂学习的满足感和获得感。

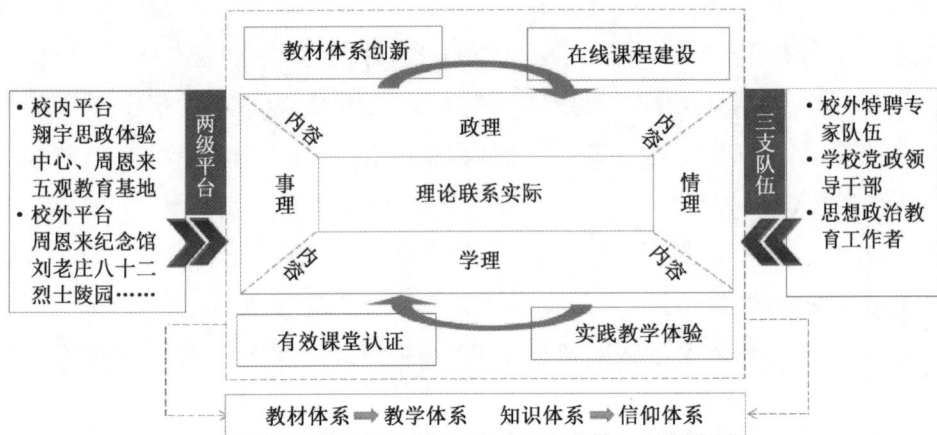

图 6－1 "四理贯通 四环紧扣"思政课教学改革总体框架

(二)成果解决的主要问题

1."四理贯通"的内容设计,解决了教学任务"理实脱节"的问题

(1)问题表征:思政课教学中一定程度上存在"理实脱节",脱离社会和学生实际大谈世界观、人生观、价值观,所讲非所需、所需不彻底以及不会用、用不好等问题。

(2)解决方法:按照思政课教材内容和高职学生知识结构储备,召开大中小学思政课"手拉手"备课会、学生代表座谈会和学习通问卷调查,抓住学生的所思所想所需,找准思想矛盾点、政治困惑点,在内容设计上分为政理阐释、学理解释、事理解析、情理升华四个组成部分,将"政理、学理、事理、情理"贯通体现于思政课教学目标、教学任务、教学设计过程中。在理论解释实际、实际映照理论的过程中,打通了理论与信念转化、世界观与人生观转化、哲理与实践转化的通道,在推进"理论联系实际"的科学性、针对性中提升思政课的亲和力和学生获得感,引起学生的共鸣与共情。

2."四环紧扣"的创新路径,解决了教学过程"要素脱钩"的问题

(1)问题表征:思政课教材、课程、课堂、实践等影响教学过程的各种要素系统化设计不足,与实际衔接不够紧密,"重讲理轻体验"等问题。

(2)解决方法:着眼于围绕学生、服务学生,为学生提供多样化、个性化的"菜单"服务,提出"四环紧扣"的系统化教学改革路径:"项目＋专题"教材创新为基础,"翻转＋滴灌"有效课堂认证为重点,"开放＋共享"在线开放课程为支持,"情境＋体验"实践教学为辅助。其中,在具体教学环节,参照"问题链"教学模式,遵循"提出问题——课堂讲授(线上＋线下)——实践体验(校内＋校外)——总结提升"的逻辑,辅之以信息化教学方法和手段,通过知识供给、学理揭示、现实剖析和价值评判,帮助学生在理论与实际的互映中科学理解社会热点、理论难点、学生疑点,支撑实现"四理贯通",如图6－2所示。学生"抬头率"和"点头率"明显提高。

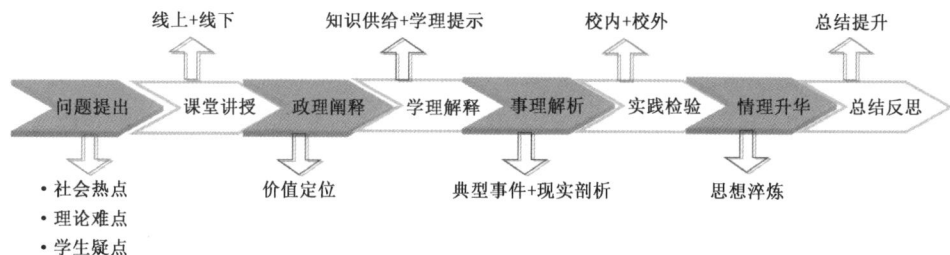

图6－2　"四理贯通 四环紧扣"思政课教学改革路径设计

3."两平台三支队伍"建设,解决了教学载体"支持脱位"的问题

(1)问题表征:思政课教学资源、教学环境等实践条件滞后,思政课教师实践素养缺乏、团队建设薄弱等问题。

(2)解决方法:建设"两级阵地",整合"三支队伍"支持保障"四理贯通、四环紧扣"教学改革。打造线上与线下结合的教学资源库,与市党史办共建红色文化传承研究中心和数字资源库;整合校内与校外结合的教育资源,建设稳定的校外实践基地10余个,校内实景和VR基地2个,建成思政体验中心和思政智慧教室;优化专职与兼职结合的教师队伍,以思政课教师"层级开发"为抓手,制定思政课教师发展标准,重点打造校外特聘专家、党政干部、思政工作者3支队伍,外聘专家10余名,校领导讲授思政课"常态化",如表6－1所示;推进"专业＋思政"的课程思政改革

和"集中＋分散"教师社会实践研修,全面提升教师职业素养,用学生听得懂、喜欢听的话把理论讲清楚、讲透彻。

表 6-1 　　　　　　　　思政课教师整体素质层级开发标准(部分)

项目 \ 层级标准	合格教师	优秀教师	骨干教师	课程带头人	教学名师	首席教师
核心能力	①思想品德好,具有良好职业道德②积极参加政治活动和公益活动③完成规定的培训、学习任务④工作认真负责⑤年度考核合格	①理想信念坚定②工作有主动意识③有团队合作意识④完成规定的培训、学习任务⑤获得过1次院级表彰	①带头践行社会主义核心价值体系②团队合作意识较强③具有创新意识④有一定的组织协调能力⑤学习能力较强、完成规定的培训学习任务	①私德好、学风正②有职业文化素养③组织协调能力强④创新能力强⑤完成培训、学习任务	①道德学风高尚②有较好的职业文化修养③有社会责任意识④创新能力强⑤完成培训、学习任务	①党性强、觉悟高②职业文化底蕴丰厚③社会责任意识强④解决问题能力强⑤完成培训学、习任务

三、创新改革及主要特色亮点

(一)教学理念创新:提出以"实际"为中轴的理实结合改革思路

针对传统思政课教学中存在因"理实脱节"导致的"到课率低""抬头率低""点头率低"等问题,着眼于"理论精准联系实际",提出政理、学理、事理、情理"四理贯通",在内容中嵌入现实问题,在过程中将各种要素有机结合,通盘考虑,作为系统工程整体推进,打通了理论与信念、世界观与人生观、哲理与实践的通路。同时,教育和引导学生通过这种由浅入深、双向互动的学习,使理论联系实际的认识和水平达到新的高度。

(二)内容体系创新:构建了"项目＋专题"整合式教学内容体系

根据"大中小"思政课螺旋提升的要求,以"实际"为中轴,深耕教材,读懂学生,准确把握思政课教材中的重点和难点,全面了解学生理论关注点和困惑点。结合教材重难点和学生关注点,形成教学结合点,以"项目＋专题"的形式整合,构建了思政课教学内容新体系,如图6－3所示。按照"目标、专题、任务、知识点"的逻辑理路,将课本教学内容进行整合,在内容中嵌入现实问题,每个专题分若干任务,每个任务涵盖理论聚焦、重难点解析、典型案例、目标检测等,力求做到点、线、面结合,理论与实际贯通,历史与现实交互,对问题的分析更加系统立体,实现了教材体系向教学体系的转化。

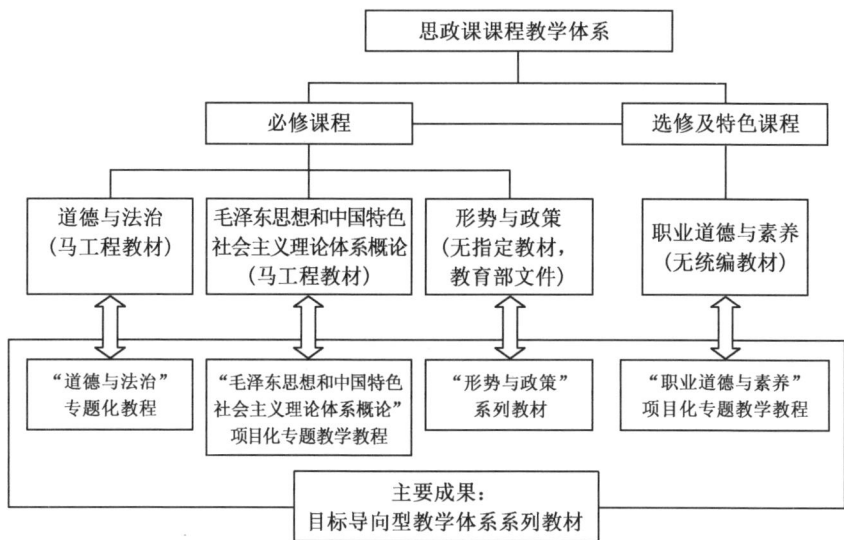

图6－3　基于思政课教学体系创新的课程教材改革

(三)教学模式创新:基于"问题链"教学打造出思政课有效课堂

教学过程参照"问题链"教学法,教师将学生关注问题而非结论作为思政课教学的起点,依据教学目标将教学内容设置成若干问题,从解决问题着手,以问题回应学生的需求,在师生互动中增强理论解释的针对性,培养学生的知识养成和思维能力。同时基于"任务型"教学设计,打造"能力本位、结果导向、学生中心、持续改进"的"有效课堂",如表6－2所示。同时,编写有效课堂项目化辅助教材,多门思政主干课程均通过有效课堂认证。为更好地保证有效课堂实施,推动思政课程与课程思政融通共进,思政教师和专业教师"1＋1"结对,通过教研互研、课堂互听、课堂同上等,寓价值观引导于知识传授和能力培养之中,使学生深刻地认识到思政课也是一门"实用性"课程。

表 6—2   思政课程"有效课堂"认证整体设计评价

指 标	说 明	权 重	等 第 A	B	C
学习者分析	1. 应当结合实际对象和本课程的教学来进行分析 2. 分析内容包括生源特点、与本课程学习相关的知识技能的准备状况、学习风格等方面 3. 说明分析结果对自己的教学策略选择的影响	5%			
学习目标	1. 学习目标分类合理(知识、技能、态度) 2. 学习目标的表述恰当、具体、可检测,符合课程标准的要求和教学对象的实际,不可过高也不可降低	5%			
学习内容及其载体设计	1. 学习内容是指学生为达到学习目标所必需的知识、技能的总和 2. 设计者能从学习目标出发构建结构合理的内容体系 3. 内容载体就是承载学习内容的学习任务,可从课程实际出发选择合适的载体(如项目、问题、案例、活动等) 4. 载体的设计应当遵循"6+2原则",即载体应当具有可行性、覆盖性、挑战性、真实性、典型性、趣味性,同时渗透职业素养和专业英语	40%			
教学与学法设计	1. 教师能从学习内容、学习目标、现有教学条件及学生实际状况出发,采用符合"做中学"教学理念的教学方法 2. 一项学习任务的完成,要体现出完整的行动过程(资讯、计划、决策、实施、检查、评价) 3. 行动过程就是学习过程,学生是行动的主体,教师是学生行动的引导者、帮助者和促进者	20%			
考核方案设计	1. 考核方案应该是形成性评价与终结性评价相结合,但两部分的比例要适当 2. 考核方案不能只做概念描述,要尽可能量化、可操作 3. 鼓励使用能检查学生学习效果的各种考核方式	20%			
总体评价	课程设计方案符合"课程整体设计参考框架"的要求,达到职业教育学设计理论所要求的完整性、规范性及可行性	10%			
评审人(签名)		总分		总评等第	

(四)教学资源创新:师生共建共享开放性、数字化实践教学资源

通过实践体验深化"理实结合",打造出课堂实践为主,校内实践、网络实践和社会实践为辅的"一主三辅"实践教学体系。其中,课堂和校内实践以演讲、辩论、情景表演、情境体验等为表现形式,网络实践规定学生分组团队拍摄微视频、微电影,社会实践要求学生参加志愿服务和社会调研。为此整合这些实践教学成果,连

同教师开发的微课、案例等，择优建成 150G 容量的翔宇思政教学资源库。此外，学校建成稳定的校内外实践基地 10 余个，建成 360 平方米的翔宇思政教育体验中心和 VR 平台，同时建成思政主题智慧教室，配备同频互动、电子书写、自助录播等功能，探索和运用"线上＋线下"混合式教学方法，如图 6—4 所示。辅之以开放性在线课程和体验式实践教学，增强了学生学习的时代感和吸引力，让理论真正"入脑入心"。

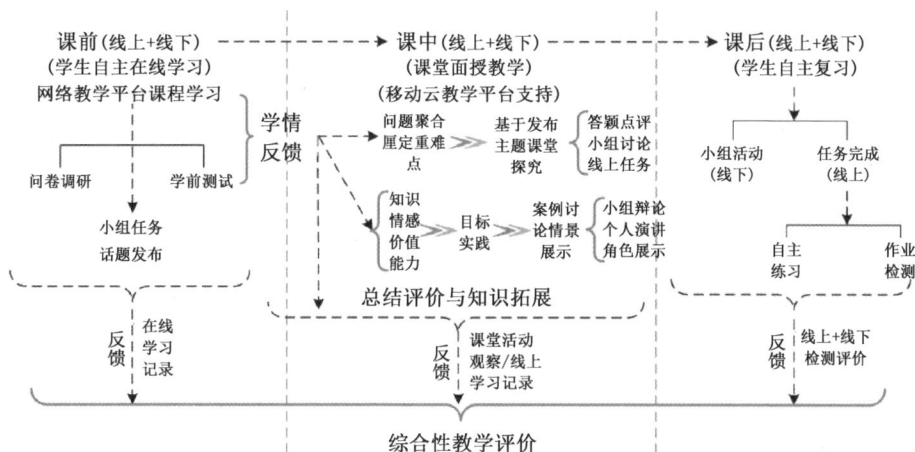

图 6—4　思想政治理论课线上线下混合式教学模式

四、显著成效及应用推广价值

成果具有较好的前期实践基础和较高的起点，依托省级高校示范马克思主义学院建设、省级优秀教学团队建设和多项教材、课程和教改项目，成果得到广泛应用，取得显著效果，如图 6—5 所示。

（一）应用于人才培养取得良好的成效

教学改革成果应用于实际教学中，学生满意度不断提高。据麦可思平台和学校智慧校园大数据反馈，思政课教师学生评教满意度由平均 85％提高到 90％以上，并且呈现逐年递增的态势。近几年新增入党申请人上万人，学生入党积极分子参与学习强国活跃度 95％以上，涌现出一批抗洪、抗疫等先进典型，受到《人民日报》《中国青年报》等主流媒体报道。

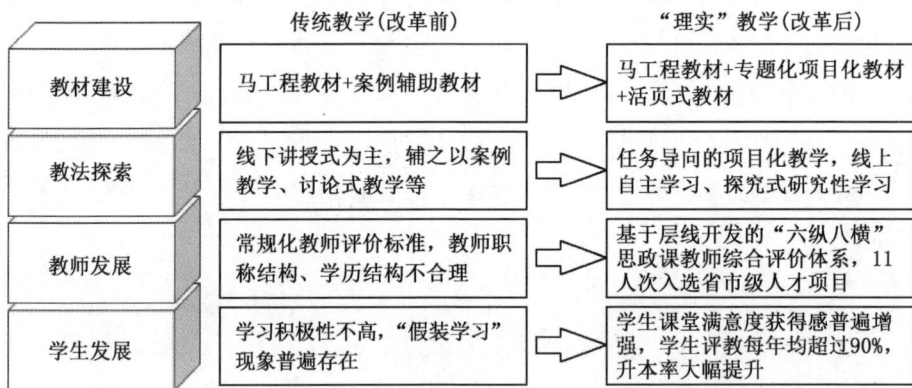

图6-5 "四理贯通 四环紧扣"思政课教学改革前后对比

（二）教学改革推动了教学资源的建设

随着教学改革的深入开展，与教学模式改革相关的教学环境建设、教材建设、教法探索等都有了质的改变，校地共建思政教育基地10余个，建成翔宇思政体验中心、地方红色文化教育基地VR平台等，完成《毛泽东思想和中国特色社会主义理论体系概论》《道德与法治》等项目专题化教材，在线开放课程和一批理论成果。基于学习通平台建设的三门在线开放课程，点击率均达到几万次。

（三）教学改革成果获得业界充分肯定

教学改革主要做法得到上级教育主管部门和部分学校的认可，教育部教材局领导、省教育厅领导、省思政教指委领导等先后莅临指导。获批省级优秀教学团队、学校教学团队等，立项市厅级以上教改项目20余项，学校教改项目30多项，各种教学类、科研类获奖百余项。同时，马克思主义学院连续三次入选"省级高校示范马克思主义学院"，之后又先后获批全国首批样板党支部、省高校先进基层党组织、省标杆院系等。

（四）一批优秀的思政课教师脱颖而出

改革团队核心成员均具有博士学位和高级职称，以中青年教师为主，是一支学位职称较高、教学科研能力较强的团队。团队成员中多人被评为教学名师、教学标兵、中青年教学骨干，入选省级学术带头人、省级社科优青、省级高校优秀思政课教师培养计划等人才项目。

（五）教学改革经验在省内外广泛报道

《江苏省教育工作简报》以"C 学校多措并举，着力提升思想政治理论课教学质量"为题专题报道。《C 学校打造思政体验中心，思政课堂"有滋有味"》入选《江苏省高职教育质量年报》。马克思主义学院负责人分别在全国高职高专思政部主任论坛、全省高校马院院长高级研修班作大会主题交流。50 多所学校的马克思主义学院领导和老师到学校交流学习。同时，改革的经验成果在《中国教育报》《江苏教育报》、人民网、光明网、人民论坛网、中国高职高专网等主流媒体报道上百次。

第二节　案例剖析：以利益相关者为视角

"四理贯通、四环紧扣"思想政治理论课教学改革，是经实践证明比较可行并且具有可操作性的实践探索，符合"大思政课"建设的要求，为实现"思政小课堂"与"社会大课堂"的深度结合，推动思政课"理论联系实际"拓宽了视野和思路。当然，这一教学改革的探索涵盖课堂内外、学校内外、线上线下等不同的场域，与之相关的利益主体多元多样，在具体运行过程中的责任和功能也是各不相同。为此，我们借助利益相关者理论，重点对两个课堂结合中利益相关者的分类、界定、责任、功能等进行深度分析，旨在全方位、立体化地展示教学改革成果，进而总结优势、发现不足，进一步优化和完善教学改革成果。

一、两个课堂结合的利益相关者：分类与界定

（一）利益相关者理论的产生与发展

利益相关者（Stakeholder）原是西方经济学的一个概念，最早出现于斯坦福研究中心（Stanford Institute）内部备忘录中的一篇文章（1963），研究人员给出的定义是"存在着这样的一些团体，如果没有他们的支持，组织将无法存在"。也就是说，各个利益团体在共同利益的指导下，形成相互支持、相互制约、密不可分的关系。1695 年，美国学者安索夫（Ansoff）将利益相关者的概念引入管理学界，用于解读企业组织的生存和发展问题。安索夫认为，制定一个理想的企业目标，必须全面考虑到企业诸多利益相关者之间的利益索取问题，这些利益相关者可能包括企业管理者、股东、企业工人、供应商和分销商等。从此，这一概念在企业战略和公司治理等

领域得到广泛应用。美国学者 R. 爱德华·弗里曼(R. Edward Freeman,1984)提出了关于利益相关者的经典概念,认为利益相关者是指"任何能够影响组织(公司)目标的实现,或者是受组织(公司)目标实现影响的团体或个人"。[①] 弗里曼的观点一经提出就受到了经济学界的普遍赞同,成为 20 世纪 80 年代利益相关者研究的标准范式,成为不同领域学者对于利益相关者理论研究主要的参照框架。

随着经济全球化的发展以及企业之间竞争的加剧,在公司治理中更加看重组织的社会责任,越来越重视从利益相关者的视角来分析企业责任,利益相关者理论得到进一步发展。概括其理论主张主要体现在四个方面:(1)所有受企业影响的利益相关者都有参与企业决策的权利;(2)企业的管理者具有服务于所有利益相关者利益的责任;(3)企业的目标是增进所有利益相关者的利益而不仅仅是股东的利益;(4)股东以外的利益相关者是比股东更加有效的企业监管者。[②]

(二)利益相关者理论在教育界的应用

20 世纪 90 年代以来,利益相关者理论作为一种管理理论不仅在经济领域应用广泛,而且在其他领域也逐渐受到重视和推广。1998 年,联合国教科文组织在巴黎召开世界高等教育会议,大会一致通过并发表《21 世纪的高等教育的展望与行动世界宣言》,提出为应对 21 世纪高等教育面临的新问题和新挑战,各国政府和高等学校要主动作为,同时也需要教师、学生、企业、社区、传媒、专业协会等相关组织和个体的积极参与。利益相关者理论进入教育领域,并逐渐成为教育学界理论研究和实践操作的主要关注。在教育学界,真正将利益相关者理论引入高等教育领域,并将大学作为利益相关者组织研究的首推美国经济史学家亨利·罗索夫斯基(Henry Rosovsky),其先后任教于加州大学伯克利分校和哈佛大学,在《美国校园文化——学生、教授、管理》(1996)一书中采用了利益相关者的分析框架。他首先提出大学"拥有者"的概念,认为大学"拥有者"不同于企业所有者,据此将大学利益相关者划分为四个层次。为此,大学治理的理想状态是各个利益相关者处在一种"伙伴关系",在大学组织系统内和谐共处,共同发挥作用。当前,利益相关者研究成为教育特别是高等教育的热点问题,涉及的领域也更加多元多样,为分析教育

---

① [美]弗里曼.战略管理:利益相关者方法[M].王彦华,梁豪,译.上海:上海译文出版社,2006:112.

② 殷琦.中国传媒组织治理结构创新研究:基于利益相关者理论的视角[M].厦门:厦门大学出版社,2015:65.

管理、教学改革等提供了独特的视角和方法。与之相适应,这一理论也为思政课教育教学改革找到了新的理论依据和思考路径。

(三)两个课堂结合中的利益相关者

受到理论相关者理论的启发,"思政小课堂"与"社会大课堂"结合中的利益相关者,主要指的是在"大思政课"建设背景下,受到课堂内外、学校内外、线上线下诸多因素的影响,同时其行为又会影响到两个课堂结合程度和成效的组织和个体。那么,如何来界定两个课堂深度结合中的利益相关者? Mitchell(1997)指出,利益相关者理论的核心问题是利益相关者的认定。Mitchell 认为利益相关者具有三个属性:合法性(Legitimacy)、影响力(Power)、紧迫性(Urgency)。其中,合法性规定了主体利益被法律和道德认可,影响力表明了利益主体具有影响组织发挥作用的地位、能力和手段等,紧迫性表达了利益主体的要求或主张能够引起组织决策者的关注。对于利益相关者的分类,没有统一的标准,根据对现有研究文献的分析,出现过三种主要的划分标准:一是按照关系重要程度划分。代表性的观点是出现于20 世纪 90 年代的多维细分法(Multi-dimensional)。如 Clarkson(1995)基于利益主体与组织的紧密关系,将利益主体划分为首要的利益相关者与次要的利益相关者两类。二是按照合同关系类型划分。Charkham(1992)基于利益主体与组织的合同关系,将利益主体划分为契约型利益相关者和公众型利益相关者。三是按照利益主体特性划分。Mitchell(1997)基于合法性、影响力和紧迫性三个属性,将利益主体细分为三种类型,分别为确定型利益相关者、预期型利益相关者和潜在型利益相关者。值得注意的是,以上的三种分类模式也并非绝对的,其中的利益主体也会随着经济环境或组织形态的变化发生动态转化,存在着从一种类型转化为另一种类型潜在可能性。

考虑到两个课堂结合过程中利益主体的组织结构相对比较复杂,不仅包括了与"思政小课堂"紧密相关的学校、思政课教师、学生等利益主体,而且包括了与"社会大课堂"密切联系的实践教育基地、思政教育工作者、校外特聘专家队伍等利益主体。当然,在两个课堂深度结合的过程中,由于不同利益主体的地位和作用不同,利益主体的利益关系也会存在主次轻重之别。为更好地方便理解,研究借鉴MitcheⅡ关于利益相关者的分类依据,结合"思政小课堂"与"社会大课堂"的基本特点,将两个课堂深度结合中的利益主体大致划分为确定型、预期型和潜在型三种类型,如表6—3所示。如果按照其利益特点来界定,分别对应的是核心利益主体、重要利益主体、边缘利益主体。它们与两个课堂教学的关系,会呈现出明显的递进关系,在行动路向上由低到高,依次表现为松散型关系、合作型关系和共同体关系。[①] 当然,思政课教学在不同学段、不同课程、不同情境下的利益主体也会有所差别,但是可以确定的是,利益相关程度较高的确定型和预期型利益主体对两个课堂的深度结合会起到更为重要的作用,因而也是研究关注和分析的重点。

表6—3　　　　　　　　两个课堂深度结合中的利益主体划分

类　型	利益特点	关系结构	利益主体
确定型	核心利益主体	共同体关系	学校、社会、教师、学生
预期型	重要利益主体	合作型关系	思政教育工作者、校外特聘专家等
潜在型	边缘利益主体	松散型关系	政府职能部门、社会组织、家庭等

二、案例中各方主体的利益分析:责任与功能

"四理贯通、四环紧扣"思政课教学改革与实践,主要解决的是影响和制约思政课教学中"理论联系实际"不够紧密的问题,突出强调了"思政小课堂"与"社会大课堂"结合中各个主体的相互支持和配合,一定程度上打通了理论与实践贯通的路径。其中涉及的利益主体,既有与"思政小课堂"紧密相关的思政课教师和学生,也有与"社会大课堂"紧密相关的"三支队伍"。据此,结合前面关于两个课堂结合中利益相关者的理论分析,对案例中的各个利益主体展开分析,重点探讨各方主体在两个课堂结合中的责任和功能。

(一)核心利益主体的责任与功能

1.作为教学主导的教师

《新时代高等学校思想政治理论课教师队伍建设规定》明确指出,思政课教师的首要岗位职责是讲好思政课。"四理贯通、四环紧扣"思政课教学改革与实践是一项关于思政课改革的系统工程,无论是政理、学理、事理、情理"四理贯通",还是教材体系创新、在线课程建设、有效课堂认证、实践教学体验"四环紧扣",在具体贯彻落实中的教学主导是思政课教师。在这一过程中,思政课教师是"思政小课堂"

---

① 桑雷.分散治理到协同治理:高职教育多元主体的失位与归正[J].现代教育管理,2017(9):86—90.

的绝对主导,也是核心利益主体之一,是教学改革的直接推进者。如何借助"思政小课堂"打造"有效课堂",将政理、学理讲深讲透,思政课教师责无旁贷。特别是随着网络信息技术的发展,思政课教师通过"思政小课堂",教会学生正确认识和判断每天面对的繁杂信息,并且将信息中获得的知识内容与自身已经具备的知识联系起来,生成新的知识和价值观,是对思政课教师课堂教学的新要求。另外,在"社会大课堂"教学中,思政课教师对实践教学的认知水平和重视程度,特别是对于实践教学的整体设计、主题选定、具体安排等,会直接影响到"社会大课堂"的教学成效,进而影响到学生事理、情理的体验和感悟。① 因此,思政课教师的素质提升对于教学改革至关重要。如 C 学校全面贯彻落实中宣部、教育部《关于进一步加强高等学校思想政治理论课教师队伍建设的意见》,在师资队伍建设中提出"层级开发"的理念,挖掘"潜力"、激发"活力"、产生"动力",为教师搭起成长发展的"绿色阶梯",全面提升了思政课教师的整体素质和业务能力,为思政课教学改革与实践提供了坚强的智力资源和队伍保障。

2. 作为教学主体的学生

在思政课教学中,我们一直强调教师是主导、学生是主体。学生在思政课的获得感和满足感,有赖于教师对教学内容和教学方法的把控情况。"四理贯通、四环紧扣"思政课教学改革与实践提出的一个重要出发点,是以学生为中心,解决影响和制约思政课教学中"理论与实际联系不够紧密",导致"到课率低"(不想)"抬头率低"(不听)"点头率低"(不信)等问题,以"实际"为中轴,坚持"让理论走进实际,讲学生满意的思政课"。很确定地讲,学生是思政课教学改革的核心利益主体,是思想政治教育的直接"承载者",如果学生不主动参与,教学改革就可能流于形式。因此,C 学校思政课的教学改革中,无论是"到课率低"的问题,还是"抬头率低""点头率低"的问题,实际上都在一定程度上反映出学生对于思政课的态度,主观参与的意识和行为有待加强。如何让学生更好地参与到教学改革中来,一方面,需要持续增强学习政理、学理的意识和能力。特别是面对当前学习环境的变化,学生的学习态度、学习能力等是影响思政课教学的最关键因素。正如联合国教科文组织倡导

---

① 马帅,陈孝柱.高校思政课"实践教学"模式的特点、问题、成因与创新[J].辽宁科技学院学报,2020(12):95-97.

的"学会如何学习从来没有像今天这么重要"①。另一方面,需要积极主动地参与"社会大课堂"的实践教学,增强实践教学体验,在实践中巩固和深化对所学知识的理解,达到"真听""真想""真信"的目标。

3.作为实践主依的社会

"四理贯通、四环紧扣"思政课教学改革与实践除了要借助"思政小课堂"的课堂教学,还需要依托"社会大课堂"的社会实践教学,即"两级平台"。其中的教学课堂一般是既定的,但社会却是一个复杂的系统,在这里主要指的是作为空间形态存在的社会平台和社会资源,是 C 学校教学改革的重要依凭。一方面,先来看现实社会中的平台和资源。教学改革中需要建立的各种实践教学基地大多是实实在在存在的,比如校地共建的各种红色教育基地、博物馆、展览馆、陈列馆、烈士陵园等,不仅为思政课实践教学提供了专门的实践场所,而且为丰富思政课教学内容、创新思政课教学形式拓宽了思路。没有这些社会平台和资源的支持,思政课的社会实践教学改革很难得到有效保证。另一方面,再来看虚拟社会中的平台和资源。随着网络信息技术的发展,特别是 AR、VR、MR 等虚拟技术的出现,学习空间、学习时间、学习关系的变化大大拓展了学生的学习场域,思政课教学中"线下+线上"的改革成为常态。以网上展馆、数字资源库、在线开放课程等形式建成的各种网络平台和资源,也进一步拓展了思政课教学的时间和空间,同时也成为思政课教学改革的重要加持,在教学改革中起到了不可忽视的作用。

(二)重要利益主体的责任与功能

1.学校党政领导干部

近年来,党和国家陆续发布了一系列文件,《关于加强和改进新形势下高校思想政治工作的意见》《关于深化新时代学校思想政治理论课改革创新的若干意见》《新时代高等学校思想政治理论课教师队伍建设规定》等,为进一步加强思政课教师队伍建设提出新要求,探索胜任思政课教学的党政管理干部转岗为专职思政课教师。"四理贯通、四环紧扣"思政课教学改革中,为解决教学载体"支持脱位"的问题,突出"两平台三支队伍"建设,优化专兼职结合的思政课教师队伍结构,学校党政领导干部作为一支重要力量充实到思政课教师队伍中。与专职思政课教师相

---

① 联合国教科文组织.反思教育:向"全球共同利益"的理念转变?[M].联合国教科文组织总部中文科译.北京:教育科学出版社,2017:33.

比,这支队伍本身具有很好的政治素养和学识素养,再加上丰富的工作阅历和实践经验,有助于更好地在理论与实际的结合中讲清政理和学理,帮助学生厘清事理和情理,做到"四理贯通"。另外,党政领导干部的加入,在壮大思政课教师队伍的同时,因其行政工作经历具有的组织和协调优势,有助于拓展教学平台资源、推进"四环紧扣"向深向实发展。

2.思想政治教育工作者

教学改革中着力打造"三支队伍"的另一支队伍是思想政治教育工作者,这里指的是学校内部与教学改革紧密相关的思想政治教育工作者,包括了辅导员、班主任,以及党委宣传部、教务处、学工部、团委等负责思想政治教育的工作人员,与之相关的主要是思政课的校内实践教学。思政课的校内实践教学有时又称"第二课堂",作为"思政小课堂"的有益补充,需要借助校内的各种实践教育平台,以及各种各样的校内实践活动。比如,"四环紧扣"的一个重要方面是学生实践体验,为更好地增强学生的实践体验,C学校思政课教学改革中建立的校内实践平台,采用的演讲、辩论、情景表演、情境体验等教学方法,都是"第二课堂"的重要内容,这些都需要学校思想政治教育工作的支持和配合。此外,学校思想政治教育工作者本身也承担着育人的任务,是学校"立德树人"的中坚力量,他们对学生开展的思想政治教育工作,在另一个条线上有利于帮助学生实现"四理贯通"。

3.校外特聘专家群体

"四理贯通、四环紧扣"思政课教学改革的逻辑基点是理论联系实际,其中的一个重要指向是依托"社会大课堂"的社会实践体验。我们常说"社会是一座大学校",不仅蕴含着丰富的实践教学资源,而且孕育了大量的先进典型人物。2016年,教育部《关于推进实施高校思想政治理论课特聘教授制度的通知》明确提出,要严格思想政治理论课特聘教授准入,聘请符合条件的专家学者、党政领导干部和先进人物等担任思想政治理论课特聘教授。C学校教学改革中强调借助"社会大课堂",吸纳地方党政干部、行业知名专家、先进模范人物等校外特聘专家群体,既是落实中央、省委有关指示精神的一项重要举措,也是实现两个课堂深度结合的重要环节。这些社会专家相比专职思政课教师具有独特的话语优势,整合在一起具有无可比拟的综合优势,根据不同的社会实践教学主题,邀请他们为学生讲解党的方针政策、讲述区域历史文化、讲好先进群体事迹、讲清自然科学技术、讲透文化艺术传承等,切实让思政课的内容和形式丰富起来,打通思政课社会实践教学的"最后一公里",真正做到有意义、有意思、有价值。

(三)边缘利益主体的责任与功能

1. 政府职能部门

政府作为权力部门以其独特的资源优势和职能优势,在"思政小课堂"与"社会大课堂"的结合中能够发挥一定的统筹协调作用。对于"四理贯通、四环紧扣"思政课教学改革,政府及其相关职能部门的宏观统筹作用不容忽视。其一,作为"调控者",政府教育主管部门是制定和影响教育政策的主要力量,通过制定和完善相关的法律法规,进一步明确学校和社会不同利益相关者在思政课教学改革中的责任和功能;其二,作为"出资者",政府和教育主管部门是学校思政课建设、社会实践教学基地建设等重要的经费来源,对思政课校内外实践基地的建设、"三支队伍"的打造提供财力支持,是确保思政课两个课堂建设特别是实践教学改革的重要保障;其三,作为"监督者",思政课教学改革中"四理贯通"效果如何、"四环紧扣"是否紧密,不能是学校"自说自话",需要借助教育主管部门的质量评价、成效评估等进行诊断和改进。①

2. 潜在利益主体

除了那些核心利益主体和重要利益主体,还有一些潜在的利益主体,对于思政课教学改革也会产生一定的影响。在 C 学校思政课教学改革的过程中,依托"社会大课堂"开展的社会实践教学,一些社会机构、社会组织和社会群体作为利益主体,其对学生社会实践体验的功能在不断被放大。② 比如,在国家政策的推动下,各地陆续建立起来的思政研学中心、不同类型的研学基地、各种线上学习平台、电子数据库等,都可能会对思政课的教学改革产生或多或少的影响。另外,学生的家庭背景和成长环境,以及与学生学习和生活直接相关的各种组织团体、朋辈群体、网络圈层等,也在某种程度上会影响到学生对政理、学理、事理、情理的认识和理解。

总之,"大思政课"建设背景下"思政小课堂"与"社会大课堂"的深度结合,一定程度上跨越了理论与实践、学校与社会的界限,无论是从定位还是功能来看,需要

---

① 桑雷.高职学生职业核心素养及其培养研究[M].南京:南京大学出版社,2020:117.
② 张兄武.基于利益相关者理论的本科应用型人才培养"责任共担"机制探究[J].高等工程教育研究,2013(1):127—133.

第七章

思政小课堂与社会大课堂深度结合的路径与策略

第一节　拓展两个课堂深度结合的思维范式

习近平总书记在学校思想政治理论课教师座谈会上强调："把思政小课堂同社会大课堂结合起来，教育引导学生立鸿鹄志，做奋斗者。""思政小课堂"与"社会大课堂"的结合是"大思政课"建设的必要环节，也是新时代落实思政课创新改革的必然要求。在这一结合的过程中，首要的是明确"小课堂·大社会"思维，在横向上强化思政小课堂向社会延伸拓展，在纵向上推进大中小学思政课一体化建设，实现两个课堂的横向融通、纵向贯通。

一、横向上强化思政小课堂向社会延伸拓展

"思政小课堂"向社会的延伸拓展涉及现实社会、虚拟社会等不同层面，具体化为三个方面：善用"社会大课堂"，推动理论与实践相结合；善用"网络云课堂"，推动线上与线下相结合；善用"思政全课堂"，推动思政与专业相结合。

（一）善用"社会大课堂"，推动理论与实践相结合

"社会大课堂"是"大思政课"建设的社会形态，是"思政小课堂"向社会延伸拓展的主要依托，是思政课指向理论联系实际的重要载体。善用"社会大课堂"，必须科学把握"社会大课堂"的特征和规律，同时准确分析两个课堂结合的切合点、切入

多元利益主体共同发挥作用。当然,"大思政课"作为"思政课"的本质特征决定了两个课堂结合中"思政小课堂"处于更加重要的一方。但是,在没有完全形成利益主体制衡的情况下,如果将注意力完全集中到"思政小课堂"单一利益主体身上显然是不可取的,因为单一权力的放大会造成其他利益主体的利益失衡,也有悖于"大思政课"的社会指向和跨界属性,不利于两个课堂的深度结合。因此,"思政小课堂"与"社会大课堂"的深度结合,是一个包括了多元利益主体集体合作的公共事务,其中也涉及核心利益主体、重要利益主体和边缘利益主体。[①] 按照这样的逻辑理路,C 学校"四理贯通、四环紧扣"思政课教学改革与实践,同样需要各利益主体特别是思政课教师、学生、"三支队伍"等确定型和预期型利益主体的责任分担、功能互补,共同构建起教学改革与实践的支持体系,如图 6-6 所示,这也将是一个共建共享共育共赢的系统工程。

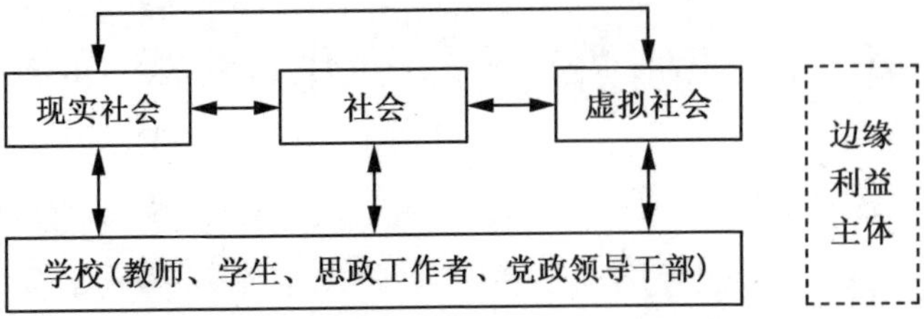

图 6-6　思政课教学改革利益主体支持体系

---

① 黄浩岚. 高职教育利益相关者理论研究的若干问题[J]. 教育与职业,2013(21):5-8.

点和着力点。

1."思政小课堂"不能脱离"社会大课堂"独立存在

根据马克思主义历史唯物论的观点,理论来源于实践,同时理论一经形成,又会指导新的实践。在两个课堂结合的过程中,"思政小课堂"的主要任务是通过课堂教授的形式,宣传和讲解党的创新理论,教会学生系统理解和掌握马克思主义中国化时代化的理论、路线、方针和政策。这些理论大多是不同时代、不同阶段实践的高度凝练和系统总结,有着特定的历史背景、阶段特征和价值指向,因而理解起来有些是相对抽象的,不可避免地会存在一些理论理解的难点和短板,需要理论联系实际。为此,"思政小课堂"的理论讲授决不能脱离实际,否则会成为苍白的理论说教,"空对空"的理论讲授也很难引起学生的理论认同和情感共鸣。

思政课的教学内容涉及中华民族 5 000 多年的文明史、社会主义 500 多年的运动史、中国共产党成立 100 多年的奋斗史、改革开放 40 多年的发展史等,今天授课的对象是"00 后"群体,这种时空的错位决定了"思政小课堂"必须紧密对接"社会大课堂",借助"社会大课堂"存在的社会背景、历史故事、典型案例等,用理论解释现实,用现实印证理论。也只有这样,"思政小课堂"的理论讲授才更加立体、全面,才具有更好的科学性和感染力。如由教育部、高等教育出版社组织策划的视频节目《高校思政拓展课堂》,五个鲜明的主题,生动展示了先进榜样奋进新征程、建功新时代的故事,在全国高校引发热烈反响,微博话题专区的阅读量达到 400 万人次,互动量 2.3 万人次,讨论量 1.7 万人次,学生们纷纷表示收获满满。

2."思政小课堂"向社会的延伸拓展应当多元化多样化

习近平总书记论及思政课教学时,高度重视理论性与实践性的统一,强调"要重视和加强第二课堂建设,重视实践育人,坚持教育同生产劳动和社会实践相结合,广泛开展各类社会实践,让学生在亲身参与中认识国情、了解社会,受教育、长才干"。科学的理论总是植根于社会实践的丰厚土壤,马克思主义也从来不是书斋里的学问,实践性是马克思主义理论的鲜明特征。马克思主义中国化时代化的百年历史,就是一部中国共产党把马克思主义基本原理同中国具体实际相结合、同中华优秀传统文化相结合,不断进行理论创新与实践创造的历史。思政课要想在课堂上把道理讲深讲透,必须立足中国社会的伟大实践,坚持教育同生产劳动与社会实践相结合,赋予科学理论以深厚的实践基础。① 也就是说,思政课不仅应该在课堂上讲,而且应该到社会生活中去讲。当然,由于"社会大课堂"的丰富性和包容性,"思政小课堂"向社会的延伸拓展也应当是多元多样的。比如,思政课教师可以结合教学内容,主动带领学生走出学校、走向社会,把思政课搬到红色教育基地、搬到田间地头、搬到工厂车间、搬到生产一线等。通过这些"行走的思政课",教育和引导学生在实践体验和感悟中深化理解、增进认识,同时提升社会服务的使命感和责任感。

3. 推动"思政小课堂"与"社会大课堂"发挥协同效应

马克思指出:"理论一经掌握群众,也会变成物质力量。理论只要说服人,就能掌握群众;而理论只要彻底,就能说服人。"②理论如何掌握群众、如何说服人、如何做到彻底?以理论解读理论是难以做到的,必须坚持理论性与实践性的统一。"思政小课堂"与"社会大课堂"的结合,就是要将学校与社会统一起来,将理论知识与社会实践结合起来,帮助学生在理论与实践的结合中感悟马克思主义真理的力量。其中,在"大思政课"建设的背景下,两个课堂结合的信度和效度非常重要,需要在两个课堂的深度结合中切实发挥好协同效应,做到理论知识与社会实践的贯通。反映在两者结合的具体实践中,既要用好"思政小课堂"阵地,旗帜鲜明地讲好马克思主义理论,用马克思主义中国化时代化的最新理论成果铸魂育人,教育学生深刻理解和领会中国共产党为什么能,中国特色社会主义为什么好,归根到底是马克思主义行,是中国化时代化的马克思主义行。③ 从而增强中国特色社会主义的道路自信、理论自信、制度自信和文化自信。

依托"社会大课堂"推动理论照进现实,发挥理论指导实践的作用,用理论思维去认识和观察社会,在对世情、国情、党情的科学判断和对社会现象、社会问题、社会事物的正确认识中,以更加贴近生活的内容和直观鲜活的形式丰富和扩展理论知识,在社会实践中验证理论的真理性,同时深化对理论的认识和理解。此外,随着网络信息技术的发展,大数据、5G、人工智能等技术在思政课教学平台构建、教学资源挖掘、教学手段拓展等方面的应用,正在从技术层面推动两个课堂的深度融

---

① 刘水静. 善用"社会大课堂"推动思政课改革创新[OB/EL]. https://news. gmw. cn/2023－08/24/content_36784169. htm,2023－08－24.

② 马克思恩格斯选集(第1卷)[M]. 北京:人民出版社,2012:9－10.

③ 习近平. 在庆祝中国共产党成立100周年大会上的讲话[N]. 人民日报,2021－07－02(02).

合,这种线上与线下深度融合的过程,一定程度上突破了时空的限制,适应了"00后"学生的学习特点和需求,激发了学生参与教学的兴趣和热情,保证了两个课堂协同效应的更好发挥。①

(二)善用"网络云课堂",推动线上与线下相结合

习近平总书记指出,要"增强利用数据推进各项工作的本领,不断提高对大数据发展规律的把握能力,使大数据在各项工作中发挥更大作用"。② 解决"社会大课堂"教学中存在的一些问题,不仅需要现实社会的实践,同样需要"虚拟社会"中的实践和探索。

1.虚拟社会是两个课堂结合不可回避的社会场域

科学技术的发展推动人类社会进入大数据时代,引领我们的思维方式和生活方式发生了重大变革。之所以说思政课教学离不开虚拟社会,主要是因为在信息时代,虚拟社会这一场域是客观存在的,不以人的意志为转移。据不完全统计,当前以"网民"自居的虚拟社会的互联网用户数全球已超过 46 亿,我国网民的数量超过 10 亿,互联网的影响可以说是渗透到社会生活的方方面面。在某种程度上可以认为,虚拟社会与现实生活一起,共同构筑起了人们的日常生活,并且无时无刻地不在发生着影响。2022 年的统计数据显示,中国人每天的上网时间是 5 小时 22 分钟,学生群体的上网时间甚至更高。这也就意味着,数以几千万的大学生群体每天有超过 5 个小时的时间沉浸在虚拟社会,我们也最有可能在虚拟社会的进出口处找到他们。对于思政课教学来讲,虚拟社会与现实社会一起共同构成了实践教学的社会环境,两者统一于人们相互之间的实践交往活动。

相对于传统的现实社会场域,虚拟社会对于思政课教学有着独特的优势。一方面,虚拟社会蕴含着丰富的实践教学资源,是思政课实践教学非常适合的并且不可或缺的教学介体;另一方面,虚拟社会孕育着丰富的实践教学载体。③ 通过各种信息技术承载和传递思政课实践教学的内容和形式,以无限的时空转换和相对低廉的交互成本,弥补了现实社会实践教学的某些缺憾,拓宽了思政课实践教学的时

① 燕连福."大思政课"建设的基本内涵、历史回顾与未来着力点[J].高校马克思主义理论研究,2021(3):119-130.
② 新华社.审时度势 精心谋划 超前布局 力争主动 实施国家大数据战略加快建设数字中国[N].人民日报,2017-12-10(01).
③ 钱结海."虚拟社会":高校思政课实践教学应有的场域[J].湖北社会科学,2012(1):189-191.

空,降低了实践教学的成本。

2.借助网络信息技术的线上与线下教学有效融合

虚拟社会使思政课教学突破时空的限制,逐渐延伸至网络空间,为思政课的改革创新提供了新的动能,推动了思政课教学从理念到内容、形式的重要变化。

从理念上来讲,大数据时代对思政课教师提出新要求,改变传统依靠主观经验开展思想政治教育的理念,推进思政课教学的信息化、数字化、智能化转型,逐渐建立起个性化、精准化的教育理念,让"智能思政""精准思政"等新的教育形态由可能变为现实。[①] 实践证明,思政课数字资源库的建设是比较好的做法,具体包含了问题库、素材库、案例库等多种资源,辅之以在线课程、微视频等配套资源,让思政课教学更加立体化、多样化。

从内容上来讲,虚拟社会开展的各种实践活动,大多是对现实社会实践活动的反映,涵盖学生学习、交流、创业等不同的领域。同样,现实社会中的很多资源和实践活动可以通过信息技术在虚拟社会进行模拟和重构,这无疑是对思政课教学内容的进一步完善和发展。

从形式上来讲,所谓"教学有法,教无定法"。AR、VR、MR、人工智能、元宇宙等信息技术的发展,为思政课教学形式和方法的创新开创了新的思路,进而衍生出"混合式"学习、深度学习等交互式学习方法,让学生足不出户就能获得身临其境的情境体验,同时也更好地满足了学生多样化的需求。[②] 如目前很多学校建设的思政课虚拟体验中心,学生在虚拟化的场景中,借助 AR、VR 眼镜等穿戴设备,开展沉浸式教育,受到学生欢迎。由此可见,思政课与信息技术的结合,促进了线上与线下教学的有效融合,让思政课理念更新、内容更实、形式更活、效果更好。

(三)善用"思政全课堂",推动思政与专业相结合

"大思政课"建设背景下的思政课教学改革,除了"社会大课堂""网络云课堂"以外,还有一个课堂不容忽视,并引起越来越广泛的关注和重视,那就是"思政全课堂"。所谓"思政全课堂",就是适应"大思政课"建设的要求,思政课与其他课程依据一定的原则和方法,构建起相应的教学互动联动机制,共同发挥协同育人的效应,最终实现思政课教学从"单课程"走向"全课程"。这个"全课程"既包括了"思政

---

① 刘洋.运用大数据提升高校思想政治理论课教学实效的反思[J].思想理论教育,2021(11):72-77.
② 张强军."大思政课"的出场逻辑、比较优势与实践要求[J].大学教育科学,2023(2):33-40.

小课堂"的各门课程,也包括了"社会大课堂"的各种课程。

考虑到"思政全课程"涉及面的广泛性和复杂性,在此仅从"思政小课堂"拓展的视角,重点谈一谈课程思政理念下的思政课与专业课的结合。在思想政治教育工作中,思政课是主渠道、主阵地,具有不可替代性。当然,作为一类课程,思政课本身也存在一定的学科边界和教育局限。课程思政理念的提出在一定程度上弥补了思政课"单兵作战"的窘境,适应了思政课改革创新的时代要求。一般而言,课程思政的源头最早可以追溯到 2014 年,上海高校通识教育改革和"中国系列"课程实践改革,后经全国高校思想政治工作会议、全国教育大会、学校思想政治理论课教师座谈会关于课程思政建设的强调和推动,再到《高等学校课程思政建设指导纲要》的发布,课程思政从最初思政课的延伸探索,发展为思政教育的重要抓手,并逐渐成为新时代落实立德树人根本任务、提高人才培养质量的重要着力点。

综合现有研究形成的共识:课程思政作为一种课程观和新的教育理念,是学校思想政治教育的重大理论和实践创新,强调以坚定的政治方向为根本,以立德树人为导向,通过课程体系的完善、课程内容的补充、课程质量的提升,实现各类专业课程与思政课程同向同行,显性教育和隐性教育的协调统一,最大限度地发挥各类课程之于学生思想政治教育的价值、功能和作用。在一定程度上也可以认为,课程思政理念的提出,为"大思政"建设又向前推进了一步,同时也为"大思政课"建设拓宽了新的思路。[①] 相应地,学校思想政治教育工作如何融入课程思政理念,做好工作体系的创新措施,俨然成为学界研究和关注的热点话题。其中,基于"协同、融合、创新"的理念,对于思政工作规律、教书育人规律、青年学生认知规律等的研究和实践,做到合目的性、合规律性和合必然性的统一,成为一种必然,更成为一种必需。

二、纵向上推进大中小学思政课一体化建设

从系统论的观点来看,完整的思想政治教育应当是连续性和阶段性的统一,教育主体必须根据思想政治教育的规律和特点,建立起融教育目标、教育内容、教育方法等为一体的跨学段的教育衔接和互动机制。对于思政课来说,正如习近平总书记指出的那样,"在大中小学循序渐进、螺旋上升地开设思想政治理论课非常必

---

① 胡风霞.高校课程思政研究的主题演进、实施困境及四维指向[J].高校辅导员学刊,2022(14):36—40.

要","要把统筹推进大中小学思政课一体化建设作为一项重要工程,推动思政课建设内涵式发展"。大中小学思政课具有目标上的一致性和内容上的传递性,需要强化一体化建设。① 统筹推进大中小学思政课一体化建设,不仅有助于强化思政课建设的系统性与连续性,而且通过加强各个阶段间的沟通与联系,用系统教育的模式来看待思政课建设,研究不同学段思政课的教学目标及其有效衔接,有助于提高思政课教学目标设计的科学性、合理性和指导性,推动"思政小课堂"与"社会大课堂"的深度结合。

(一)育人目标的一致性

同其他课程一样,思政课的教学目标一般包括知识目标、能力目标和素质目标。除了知识目标以外,能力目标和素质目标都需要在理论联系实际中得到提升,大中小学的学生都是如此。在统筹推进大中小学思政课一体化建设的过程中,不同学段的教育者需要做好整体设计、统筹兼顾,保证思政课在不同学段教育目标的一致性、同向性。在此基础上,根据不同学段学生的成长特点,分阶段地开展具体的思政课理论教学和实践教学。这样,从小学到中学再到大学,前一个学段的学习为后一个学段的学习打好基础、做好准备,后一学段的学习是对前一学段学习的深化,从而逐渐形成螺旋上升式的思政课教学安排。这种良性循环的思政课教学模式,使得思政课的教育效果因历时性的积累不断增强,同时也保证了思政课育人目标的政治方向、思想导向和价值取向始终是正确的和一致的。②

(二)育人内容的递进性

根据不同学段学生的知识储备和思想特点,思政课在教学内容的安排上是递进性的,这种递进在不同的学段内应当是可衔接、可贯通、可融合的体系。这样,不仅可以避免在不同学段内重复讲同样的内容,而且可以避免一些重要问题被忽略的情况,从根本上确保思政课教学内容在纵向上的有机衔接。如,大中小学都在开设《道德与法治》课程,但是无论是内容体系还是理论深度都有着明显的差别,中小学思政课重在情感教育,大学思政课重在使命担当。更具体地说,以社会主义核心价值观为例,小学强调对社会主义核心价值观基本内容的认知,中学强调对社会主义核心价值观科学内涵的理解,大学强调对社会主义核心价值观精神实质和时代

① 李钰清,黄芳."大思政课"理念的三重逻辑[J].理论视野,2022(10):4—7.
② 朱献苏,杨威.新时代推进"大思政课"建设的实践理路探究[J].中国高等教育,2022(Z2):40—42.

价值的领悟。因此,基于教学内容的侧重点不同,大中小学思政课在具体的教学目标、教学方案、教学方法等方面也存在一定的差异。反映在思政课实践教学中,其在内容和形式上向社会拓展的特征是逐步加强的,最直接的体现就是大学阶段明确了思政课实践教学的学分要求。

(三)育人资源的共享性

目前,思政课的最大问题是不同学段内容交叉重复,彼此又不清楚其他学段在教什么,教学内容简单、重复导致学生产生厌倦情绪。针对这一现实问题,非常有必要把小学、中学、大学的思政课统筹起来,实施一体化教学,手拉手共画同心圆,共同建设思政"大课堂",丰富育人资源,拓展育人空间,构建起适应社会发展需要的"大思政课"格局。

在"大思政课"格局中,要着力加强大中小学课程、教材、资源、教学、队伍、机制等一体化建设。其中,不同学段之间教师之间的协作是重要的纽带,也是思政课一体化建设能否取得成效的关键因素之一。为此,需要积极创造条件,努力实现各个学段思政课教师之间教学理念的互联互通、教学资源的共建共享、教学方法的互学互鉴。特别是随着信息技术的发展,对"共同体"建设的要求越来越高,教师专业发展共同体、教研共同体、实践教学共同体等陆续被提出。以实践教学共同体为例,就是要求依托区域文化优势,开发思政课一体化实践教学资源。如将伟大建党精神、抗疫精神、科学家精神等时代精神,以及区域内或区域周边涌现的英雄模范和榜样典型的先进事迹等引入课堂,推动党的创新理论和先进文化融入各学段的思政课,而这些对于大中小学思政课教学都是适用的,只不过融入的程度和方法略有差别。

第二节 优化两个课堂深度结合的路径方法

在"大思政课"建设的背景下,"思政小课堂"与"社会大课堂"的深度结合,需要基于两个课堂的特点和优势,通过找准契合点和关键点,明确两者深度结合的着力点。其中,教师队伍建设是关键,实践教学改革是重要抓手。

一、两个课堂深度结合的关键是教师队伍建设

习近平总书记指出:"办好思想政治理论课关键在教师,关键在发挥教师的积

极性、主动性、创造性。"①思政课教师队伍建设是办好思政课的关键和根本,必须充分发挥思政课教师的重要作用,提升教师自身的素质、能力和水平。我们梳理了近年来习近平总书记关于思政课教师队伍建设的要求,如表7—1所示。

表7—1 习近平总书记关于思政课教师队伍的重要讲话精神

序号	习近平总书记重要讲话精神
1	思政课作用不可替代,思政课教师队伍责任重大
2	有了这些基础和条件,有了我们这支可信、可敬、可靠,乐为、敢为、有为的思政课教师队伍,我们完全有信心有能力把思政课办得越来越好
3	办好思想政治理论课关键在教师,关键在发挥教师的积极性、主动性、创造性
4	思政课教师,要给学生心灵埋下真善美的种子,引导学生扣好人生第一粒扣子
5	政治要强,让有信仰的人讲信仰,善于从政治上看问题,在大是大非面前保持政治清醒
6	情怀要深,保持家国情怀,心里装着国家和民族,在党和人民的伟大实践中关注时代、关注社会,汲取养分、丰富思想
7	自律要严,做到课上课下一致、网上网下一致,自觉弘扬主旋律,积极传递正能量
8	亲其师,才能信其道。要有堂堂正正的人格,用高尚的人格感染学生、赢得学生,用真理的力量感召学生,以深厚的理论功底赢得学生,自觉做为学为人的表率,做让学生喜爱的人
……	……

(一)思政课专职教师社会实践素养的提升

思政课是落实"立德树人"根本任务的关键课程,其特殊的定位和功能决定了思政课集政治性与学理性、知识性与价值性、理论性与实践性、建设性与批判性于一体。因此,对思政课教师有着很高的要求,不仅要有"真学"的意识,具有较高的马克思主义理论水平,而且要有"真懂、真信、真用"的自觉,具有理论联系实际的能力和水平。② 而现实情况是:思政课专职教师大多是思政专业或相关专业毕业,他们大多是遵循着"从学校到学校"的职业生涯发展路径——从学校毕业,随后直接进入学校从事教育教学工作,"理论到理论"的痕迹非常明显。再加上传统教育中思政课教学"重理论轻实践"普遍存在,思政课专职教师大多有着"读万卷书"的理论积淀,但缺少"行万里路"的实践经验,本身就存在一定程度上"理论脱离实践"的

---

① 习近平.思政课是落实立德树人根本任务的关键课程[J].求是,2020(17):4—16.
② 何益忠.论思政小课堂同社会大课堂结合的价值意蕴和实践路径[J].思想理论教育,2020(10):71—75.

问题。这样带来一个主要问题,作为思想政治教育主导的思政课专职教师,面对形形色色的社会热点、焦点、难点问题进行理论解读和现实分析时,缺乏一定的实践观照,往往就容易出现"空对空"的理论灌输和强植,这样不接地气的理论宣传必然缺乏精准解释的底气,教育效果势必会大打折扣。因此,为更好地推动"思政小课堂"与"社会大课堂"的深度结合,除了持续提升思政课专职教师的理论素养以外,必须花大力气提升思政课教师的实践素养。

1. 新时代思政课教师职业素养结构与实践缺失

学校立身之本在于"立德树人"。[①] 长期以来,学校是对学生开展思想政治教育的主阵地,是向学生传播马克思主义和主流意识形态的主战场,更是教育引导学生成长进步的主渠道。在宣传思想政治教育中,思政课教师责任重大。所谓"传道首先要明道信道",不仅应该要有"真学"的意识,而且要有"真懂、真信、真用"的素质和能力。

(1)政策层面"关键词"解读思政课教师素养结构

2019 年 3 月,习近平总书记在学校思政课教师座谈会上明确提出了思政课教师应具备的六种素质,即政治要强、情怀要深、思维要新、视野要广、自律要严、人格要正。同年 5 月,教育部《普通高等学校思想政治理论课教师队伍培养规划(2019—2023 年)》提出,新时代思政课教师理想信念更坚定、马克思主义理论功底更扎实、教书育人水平整体提升,切实做到政治要强、情怀要深、思维要新、视野要广、自律要严、人格要正。[②] 之后,教育部印发的《关于深化新时代学校思想政治理论课改革创新的若干意见》(2019)和《"新时代高校思想政治理论课创优行动"工作方案》(2019),均强调了建设一支政治强、情怀深、思维新、视野广、自律严、人格正的思政课教师队伍。一系列讲话和文件的发布,为新时代思政课教师的职业素养结构明确了标准要求。按照其内涵特征和相互之间的内在关联,将其归纳为三个层面六个维度,具体化为思政课教师行为意识和能力的六个方面,如图 7-1 所示。其中,政治素养包括"政治要强"和"情怀要深"两个维度,具体化为思政课教师的政治意识和大局意识;专业素养包括"思维要新"和"视野要广"两个维度,具体化为思

①　习近平. 在全国高校思想政治工作会议上的讲话[N]. 人民日报,2016-12-09(01).
②　教育部. 普通高等学校思想政治理论课教师队伍培养规划(2019—2023 年)[EB/OL]. http://www. moe. gov. cn/srcsite/A13/moe_772/201904/t20190428_379873. html. 2019-04-18.

政课教师的教学能力和科研能力;品格素养包括"纪律要严"和"人格要正"两个维度,具体化为思政课教师的职业道德和职业情操。

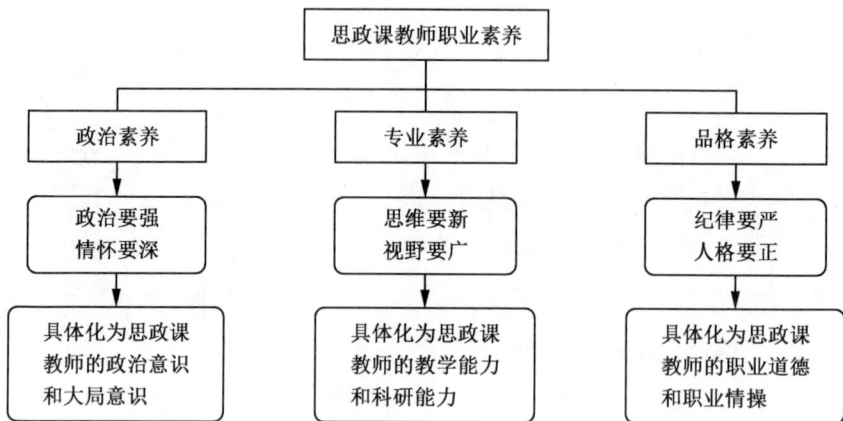

图7—1 思政课教师职业素养结构模型

(2)思政课教师素养"理论够用实践不足"的现实问题

对照习近平总书记关于思政课教师素养标准,合格的思政课教师应该具备三个层面六个维度,具体化为六个方面的素质和能力。这与其说是一个标准,不如说是思政课教师职业素养提升的目标和任务。根据这一目标,本书选择江苏省内的180名思政课教师为研究对象,以思政课教师素养结构为依据编制调查问卷。调查问卷分为两部分:思政课教师基本情况调查和社会实践研修效用调查。其中,基本情况调查涉及教师的教学年限、学历、职称、政治面貌、学科背景、主讲课程、研修次数等;社会实践研修效用调查既包括了研修时间、地点、人员和效果的看法,也涵盖了职业道德、教学、科研等与职业素养相关联的20个具体题项。问卷调查和访谈反馈的信息表明,思政课教师总体上具有较高的职业素养。98.33%的思政课教师为中共党员,有着坚实的政治素养,政治意识和大局意识较强,表现在教育教学活动中能够站稳马克思主义立场,以坚定的理想信念和深厚的家国情怀感召学生;绝大多数思政课教师坚守政治规矩和校纪校规,具有良好的职业道德和职业情操,体现在教育教学活动中能够高标准为人,严要求为师,培育求真人格、向善人格和尚美人格,自觉做为学为人的表率;87.78%的思政课教师具有硕士以上学位,具有扎实的专业基础和知识储备,能够通过报刊、网络等平台,及时了解和掌握最新的理论前沿和时事热点,用真理的力量感召学生,以深厚的理论功底赢得学生。

但是值得注意的是,在对思政课教师进行问卷调查和访谈的过程中,也发现了存在的一些现实问题,52.78％的思政课教师认为自身存在明显的结构性素养缺失,职业素养还有进一步挖掘和提升的空间。

2.社会实践研修提升思政课教师职业素养的效用

为解决思政课教师实践素养不足的问题,各个学校实施了很多针对性的举措,其中社会实践研修被实践证明是一条比较行之有效的路径。对于这一举措,在国家政策层面,教育部最早于2009年提出将思政课教师实践研修纳入中央马工程国情调研活动,2013年、2018年、2020年又分别建立了一批社会实践研学基地。2019年,《普通高等学校思想政治理论课教师队伍培养规划(2019—2023年)》,提出将新时代高校思政课教师研学基地扩展到高铁、桥梁、港口等国家基础设施建设和航天、潜海等重大科技成果取得世界领先成就的单位。[①] 2020年初,《新时代高等学校思想政治理论课教师队伍建设规定》提出拓展思政课教师培训渠道,设立思政课教师研学基地。不同类型、不同地域、不同层次社会实践研修基地的建立和完善,为思政课教师社会实践研修提供了条件和保障。

目前,各个学校在上级教育主管部门的指导下,陆续开展了思政课教师社会实践研修,并取得了一定的成效。结合问卷调查反馈的信息,获得的调查结果如下:

(1)思政课教师对社会实践研修方法的认同感

思政课教师对社会实践研修看法的调查,涵盖了形式、时间、人员、地点和效果五个方面。调查结果显示,思政课教师对社会实践研修的总体感受均值≥4,表明整体的认同感较强,满意率达到82.23％。但是值得注意的是,"非常满意"占比并不是特别高,平均占比35.56％,这也反映出在具体环节上需要进一步改进。对具体问题的针对性访谈发现:在研修内容方面,思政课教师普遍认为实践研修存在理论研修占比多、现场体验实践占比少的问题;研修的深度不够,往往以考察和讲解为主,缺乏深层次的理论追问;研修后的考核评价不完善,有时存在虎头蛇尾的现象等。在研修形式方面,部分思政课教师提到了研修时间安排不够灵活的问题,认为可以每年分两至三期进行实践研修,不一定都集中在假期进行;另外有教师提出

① 教育部.普通高等学校思想政治理论课教师队伍培养规划(2019—2023年)[EB/OL]. http://www.moe.gov.cn/srcsite/A13/moe_772/201904/t20190428_379873.html. 2019-04-18.

研修时间过短的问题,学习比较紧促,不够深入,体验活动也比较仓促。在研修地点方面,思政课教师普遍提到了拓展实践研修地点的问题,建议"视野要广",不仅局限于红色教育基地和改革前沿地区。此外,个别思政课教师还提到了实践研修前期准备不够充分、研修成果质量未达预期等问题。

(2)思政课教师对社会实践研修效用的认同感

调查结果显示,社会实践研修在总体上能够促进思政课教师职业素养的提升,其效度为:政治素养(均值4.45)>品格素养(均值4.31)>专业素养(均值4.26),与之相对应的相关性指数如表7—2所示:

表7—2 社会实践研修对思政课教师职业素养提升的效用

职业素养	政治素养		专业素养		品格素养	
项目	政治意识	大局意识	教学能力	科研能力	职业道德	职业情操
均值	4.4	4.5	4.39	4.18	4.28	4.35

具体来说,对于思政课教师来讲,政治素养应当是第一位的素养,关系到理论教育的方向。社会实践研修的效用之一就是帮助思政课教师"明道",进而达到"信道"的目的,同时也有助于教师更加自信的"传道"。调查中,100%的思政课教师认为,社会实践研修进一步坚定了共产主义信仰和中国特色社会主义共同理想,坚定了马克思主义立场。同时,进一步增强了家国情怀和民族情怀,增强了关注时代、关注社会的意识,增强了传道授业的责任感和使命感。另外,超过95%的思政课教师认为,实践研修中亲眼看到的历史遗迹、生动画面,亲耳听到的历史故事、先进事迹,亲手拍摄的大量照片、视频等资料为思政课教学提供了最好的素材,同时也在一定程度上引发思政课教师更深层次的思考,大大提升了教学能力,特别是实践教学能力。此外,92%以上的教师认为,对理论认识的深化、对实践体验的加强,使得思政课堂教学更接"地气","底气"更足,也进一步滋养了职业道德和职业情操,进而大大增强了传道授业的自豪感、获得感、幸福感。

3.指向思政课教师职业素养提升的社会实践研修优化建议

实践证明,要发挥思政课教师的积极性、主动性、创造性,必须走出思政课自身"小循环"、教育系统"内循环",融入社会的"大循环"。《普通高等学校思想政治理论课教师队伍培养规划(2019—2023年)》,对思政课教师的社会实践研修提出了明确要求:"教育部、中央宣传部每年暑期以习近平新时代中国特色社会主义思想的生动实践为主题开展专题研修,……各地各高校可依托教育部及省级高校思政课教师研修基地组织开展社会实践研修。各地各高校五年内组织思政课教师每人至少参加一次实践研学。"《新时代高等学校思想政治理论课教师队伍建设规定》提出,建立思政课教师研修基地,……保证思政课专职教师每 3 年至少接受一次专业培训。为思政课教师的社会实践研修进一步指明了方向。

德国哲学家伽达默尔说过:"一切实践的最终含义就是超越实践本身。"①根据问卷调查及访谈的结果,学校、经费、制度、地点、形式等是高频词汇,如图 7—2 所示。对此,结合学校组织管理和实践运行模式,提出基于"诊断和改进"的优化建议如下:②

图 7—2　思政课教师社会实践研修建议的词频分析

(1)打通支持保障的"堵点",科学制定"规划图"

调查中了解到,绝大多数学校都非常重视思政课教师的实践研修,但是存在着对于实践研修缺乏与之匹配的制度保障,对于研修目的、研修人员、研修考核等都缺乏统一的指导性制度和文件等"堵点"。如实践研修集中在假期,又因各种会议、培训的冲突,很难在短时间内达到全员参与、静下心来研学的目的,进而会影响到研修效果。另外,学校都能按照上级教育主管部门要求足额下拨思政课建设经费。

---

① 　[德]伽达默尔. 赞美理论[M]. 上海:三联书店,1988:46.
② 　魏娜,桑雷. 以社会实践研修提升高职思政课教师的职业素养[J]. 教育与职业,2021(5):97—101.

但是目前思政课建设任务较重,除去教学改革、课程建设等经费,对于有些学校来讲,剩余的经费不足以支持全员全方位实践研修的需要。针对以上存在的问题,学校需要提供宏观指导,科学制定"规划图"。

一是将思政课教师的社会实践研修"常态化",纳入学校事业发展和教师队伍建设总体规划,作为思政课教师职业素养提升的重要战略,通过制度文件等科学制定"规划图",从宏观层面为思政课教师社会实践研修提供科学有效的指导。如,在职称评审中明确思政课教师社会实践研修的学时要求,或者将社会实践研修经历等同认定为教师实践锻炼等。

二是关注思政课教师社会实践研修,通过领导现场办公会、专题调研、课题立项等方式支持思政课教师社会实践研修,及时总结经验,正视不足,不断优化和提升思政课社会实践研修效果和质量,作为思政课教师素质提升的重要依托。

三是给予组织实施部门以更大的自主权,在支持和鼓励思政课教师假期集中实践研修的同时,在条件许可的情况下,适当地支持和鼓励思政课教师利用假期以外的时间分散实践研修,作为实践教学改革的重要组成部分,做到集中研修和分散研修相结合,开阔思路的同时,提升思政课教师的国际视野和比较思维。

四是严格落实教育部相关文件精神,按照每位学生每年不低于30~40元的标准提取专项经费,用于思政课教师的学术交流、实践研修,同时支持和鼓励有条件的学校逐步加大资金支持力度,使得经费保障更加充裕,使用上更加灵活。①

(2)化解组织协调的"难点",合理设计"路线图"

社会实践研修是一项系统性的工作,从地点选取到计划确定,再到组织协调,有序的组织管理是关键。而有些学校的实践研修与其他的干部培训、辅导员培训合在一起,研修队伍过于庞大,从组织到管理再到最终的考核评价很难形成统一意见,这些现存的"难点"不可避免地会出现"虎头蛇尾"的现象,"学"是真学了,"研"未达预期。如研修内容五花八门,研修质量参差不齐,这种"就事论事"的实践研修,造就了研修中形式主义的"温床"。因此,学校思政课教师管理部门要紧密结合教师的教学需要,围绕优良革命传统教育、改革开放成就展示、优秀传统文化传承等方面的任务,精心选择社会实践研修基地,合理设计社会实践研修方案"路线

---

① 中共中央办公厅,国务院办公厅. 关于深化新时代学校思想政治理论课改革创新的若干意见[EB/OL]. http://www.gov.cn/zhengce/2019—08/14/content_5421252.htm,2019—08—14.

图",组织开展好社会实践研修活动。

一是加强对社会实践研修方案的研究,结合每一次实践研修活动的组织,做好研修前的调查研判和征求意见,结合年度时间节点和教学重点,在充分论证和广泛征求意见的基础上,不断充实完善方案,做到有计划、有组织、有考核、有成果、有效用,切实将社会实践研修作为提升思政课教师职业素养的重要环节。

二是认真组织对实践研修教育资源的研究,从服务思政课教师素养提升的角度,努力挖掘研修资源的教育内涵、教育价值。为此,要坚持"学研并举",做好社会实践研修成果的实践转化,加强对实践研修成果的整合和结果的运用等,通过高标准的心得体会、高水平的理论文章、高质量的调研报告等形式,体现实践研修之于思政课课堂教学改革和思政课教师素养提升的针对性和实效性。

三是结合思政课教学要求和思政课教师能力提升需要,积极探索"集中研修""分散调研"多样化的社会实践研修模式。在内容上不能仅仅关注到红色资源,而且要深入农村、企业、改革第一线、发展最前沿、民族聚居地等不同层面;在形式上,规模可以更小一些,根据教研室设置、教学科研团队、主题调研团队等,有针对性地组建多个不同的小规模研修团队,选择不同地点同时开展调研活动,实现研修成果的共用共享。

(3)克服主观缺位的"痛点",有效拓展"知识图谱"

调查和访谈中发现,部分思政课教师没有从内心真正重视社会实践研修,把社会实践研修看作是一次普通的培训任务。认为看过了、听过了,就完了,缺乏主动去想、去悟、去提升的主观能动性,当然也就难以引发其在政治意识、大局意识上的共鸣,难以真正去触及职业道德、职业情操等方面的"痛点"。但是,对于思政课教师来讲,社会实践研修是提升职业素养、实现素养补缺的重要环节,要在政策支持的前提下树立自省自觉自强的意识,通过实践研修不断丰富自己的"知识图谱"。

一是具有认真学的"态度"。实践研修基地都是经教育部和承办单位精心设计的,线路经过规划、教育素材丰富,思政课教师需要珍惜难得的机会,在实践研修过程中,要带着问题学、联系实际学、不断跟进学,要仔细听、认真看,要边看边记边拍,把看到听到的内容及时转化为教学素材,转化为科研项目或研究成果。

二是具有主动研的"意识"。实践研修的过程中,不仅要多看,而且要认真体会、深入思考。不思考,就变成走马观花,没有意义。在实践研修过程中,基于思政课的功能和特点,要紧紧围绕习近平新时代中国特色社会主义思想,"进教材、进课堂、进头脑",围绕经济社会发展的热点问题和民生问题进行思考,围绕思政课的课程内容和教学实际进行思考,通过交流心得体会、集体交流研讨、撰写研究报告等形式,充分交流思考的成果,在交流的过程中不断深化对问题的认识、对理论的理解,在潜移默化中增强思想认同、情感认同和理论认同,同时提升教学和科研能力。

三是具有积极用的"姿态"。开展社会实践研修的最终目的是通过提高思政课教学质量和教师的职业素养,增强学生思政课堂的"获得感"。思政课教师不能满足于看过了、想过了、结束了,要做到认真看了、深入想了,关键是有效用了。实践研修结束以后,要把通过社会实践研修获得的教学素材运用到教学实践中,把感受到的心灵震撼融入教学实践中,把引起思考的现实问题体现到理论研究中,切实在边学边教边研中提升职业素养。不仅如此,思政课教师要主动发挥示范带动作用,通过积极参与集体备课会、研修汇报会、学术沙龙等方式,及时把获得的教学素材和心得体会与教学团队中的其他成员共用共享,实现资源共享、能力同塑。①

(二)专、兼职教师队伍协同育人机制的建设

习近平总书记多次强调:"思政课作用不可替代,思政课教师队伍责任重大。"在"思政小课堂"与"社会大课堂"的深度结合过程中,一定数量和质量的专、职思政课教师队伍是思政课教学的基本要求,专、兼职思政课教师队伍的协同则是思政课教学有效供给的重要保证。

一方面,对于思政课本身来讲,思政课包含的各门课程都具有很强的专业性。比如,"毛泽东思想和中国特色社会主义理论体系概论""道德与法治""马克思主义基本原理""中国近现代史纲要"等课程的理论体系和教学侧重点各不相同。思政课必须要做好专业育人,按照习近平总书记关于"八个统一"的教学要求,不断增强思政课的政治性、思想性和学理性。思政课的这些特点,也决定了必须打造一支高素质的思政课教师队伍,旗帜鲜明地讲好中国故事、上好思政课,让"有信仰的人讲信仰"。只有这样,才能更好地帮助学生树立正确的世界观、人生观、价值观,坚定对马克思主义的信仰、对中国特色社会主义的信念、对实现中华民族伟大复兴中国梦的信心,"扣好人生的第一粒扣子"。当然,在这一过程中,思政课教师除了要具有精深的马克思主义理论知识以外,一定的实践经验和知识也是必不可少的。

---

① 魏娜,桑雷. 以社会实践研修提升高职思政课教师的职业素养[J]. 教育与职业,2021(5):97—101.

另一方面,从办好思政课,到善用"大思政课",思政课向社会的延伸拓展,对思政课教师队伍建设提出了新的要求,专、兼职思政课教师队伍建设被提到新的高度。《新时代高等学校思想政治理论课教师队伍建设规定》就明确提出:"思政课教师是指承担高等学校思政课教育教学和研究职责的专、兼职教师","高等学校应当配齐建强思政课专职教师队伍,建设、专职为主、专兼结合、数量充足、素质优良的思政课教师队伍"。为此,依托"社会大课堂"中的优质社会资源,将那些具有丰富知识储备、社会实践经验和社会实践能力的人才,作为兼职教师吸纳到思政课教师队伍中来,通过专兼结合、质量兼顾的形式,可以更好地在优势互补中优化思政课教师队伍建设。

1. 利用优质的社会资源补充思政课师资力量

"大思政课"建设背景下,高质量的思政课离不开高素质教师队伍的支持和保障。如果说专职教师是这支队伍天然的主力军,那么兼职教师则是这支队伍中具有特殊活力的生力军。《新时代高等学校思想政治理论课教师队伍建设规定》明确指出:"高等学校可以实行思政课特聘教师、兼职教师制度。鼓励高等学校统筹地方党政领导干部、企事业单位管理专家、社科理论界专家、各行业先进模范以及高等学校党委书记校长、院(系)党政负责人、名家大师和专业课骨干、日常思想政治教育骨干等讲授思政课。"

2. 构建专、兼职教师共联互动的协同育人格局

通过前面的分析可知,在传统的思政课教学中,专职思政课教师大多作为单一的教育者存在。受到教育背景、自身素养等因素的影响和制约,专职教师在学生思想政治教育中的作用发挥是有限度的,思政课教学预期与专职思政课教师队伍之间的结构性矛盾,在短时间内很难得以破解,一定程度上需要各种社会力量的加入和补充,弥补专职思政课教师教学中知识结构、实践经验等方面的不足。"大思政课"的提出让这一问题更加凸显。"大思政课"之"大"的一个体现是育人主体之广大,需要在"思政小课堂"与"社会大课堂"的结合中调动多元主体的力量,形成各方的教育合力,进而构建起多元主体共同参与的"大思政课"协同育人新格局。

一方面,指向于专、兼职思政课教师在教学理念上的协同。"大思政课"的本质是思政课,是落实"立德树人"根本任务的关键课程。在这一点上,"大思政课"建设中"思政小课堂"与"社会大课堂"的结合,虽然教育主体更加多元,但是无论是专职

教师还是兼职教师,对于开展马克思主义理论教育、用习近平新时代中国特色社会主义思想铸魂育人的理念是一致的。专、兼职思政课教师在一致的教育理念下,建立起持久稳定的合作关系,进一步激发专职教师调整教学模式、完善知识结构、拓展社会交往的动力,建立"专职为主、专兼结合、数量充足、素质优良的思政课教师队伍"[①],彰显多元主体协同育人的优势。

另一方面,指向于专、兼职思政课教师在教学实践上的协同。"思政小课堂"与"社会大课堂"深度结合的着力点在实践教学。专、兼职思政课教师各有特点和优势,专职思政课教师的优势在于理论知识,兼职思政课教师的优势在于实践经验。两者的结合可以说是理论与实践的结合,是优势互补的结合,是教学效果提升的结合,其结合的理想状态是构建教学共同体,即一种融合两个课堂的特点和优势,教学场域更加开放、教学情境更加现实、教学资源更加丰富、教学互动更加频繁的教学共同体。

在具体结合的过程中,专、兼职教师互动交流载体平台的建设至关重要。如借助常态化的教研机制,专、兼职思政课教师共同参与实践教学方案的设计、教学活动的交流、教学效果的评价,以聚合效应不断提升思政课教学的实效性。

习近平总书记指出:"大时代需要大格局,大格局呼唤大胸怀。"[②]"思政小课堂"与"社会大课堂"深度结合的过程中,在遵循思政课传统教学理念的同时,积极创造条件利用优质的社会资源补充思政课师资力量,构建专、兼职思政课教师共联互动的协同育人格局,真正将"大思政课"的育人理念谋到新处、落到实处,同时凸显出"大思政课"的大视野、大愿景、大胸怀和大格局。

二、两个课堂深度结合的抓手是实践教学改革

思政课实践教学是高校立德树人的重要途径,坚持理论性和实践性相统一的原则,兼具课程育人和实践育人的双重功能。长期以来,我们对实践教学理解失之偏颇,认为它总是依附于其他的理论课程,仅仅以"思政小课堂"作为实践平台。"大思政课"的提出,思政课实践教学的重要性更加凸显,不仅是理论指导下的实践

---

① 习近平.思政课是落实立德树人根本任务的关键课程[J].求是,2020(17):4−16.

② 习近平.加强政党合作 共谋人民幸福——在中国共产党与世界政党领导人峰会上的主旨讲话[N].人民日报,2021−07−07.

活动,而且是立体的课堂教学体系,成为连接"思政小课堂"与"社会大课堂"的纽带,成为实现两个课堂深度结合的重要抓手。

（一）宏观层面：实施精细化的实践教学管理

精细化管理是源于西方国家的一种企业管理理念,在管理实践中被认为是一种理念,也是一种文化。它是社会分工的精细化以及服务质量的精细化对现代管理的必然要求,是建立在常规管理的基础上,并将常规管理引向深入的基本思想和管理模式,是一种以最大限度地减少管理所占用的资源和降低管理成本为主要目标的管理方式。目前,在国家政策和教学改革的推动下,将企业管理中的精细化管理理念引入思政课实践教学,思政课实践教学虽然已经得到了普遍的实施,但是总体上仍然处于比较低水平的粗放型阶段,从教学主题的选定、教学形式的选取,到教学效果的评价都存在一些问题。① 因此,发挥好实践教学在"思政小课堂"与"社会大课堂"结合中的纽带作用,改变粗放型管理为精细化管理势在必行。即在"大思政课"的理念下,完善实践教学管理规范,健全实践教学质量保障,构建精细化教学管理的"大格局",这也是赋予"大思政"生生不息的内生活力。②

1.完善思政课实践教学管理规范

在教学活动中,教学管理的规范化制度化是维护正常教学秩序、保障教学效果的前提和基础。针对思政课实践教学中存在的问题,学校应当从源头抓起,做好思政课实践教学的规范化管理,保证两个课堂结合中实践教学的有序有效开展,具体包括了三个方面。

（1）思政课实践教学基本管理制度的规范。要根据不同学段和课程教学内容侧重点的不同,制定合适的实践教学标准、教学方案、教学计划、考核办法等基本的实践教学管理规范,让思政课教师在开展实践教学时有章可循、有规可依,以此来确保依托"社会大课堂"的实践教学在学分分配、教学目标、教学任务等方面落到实处,与"思政小课堂"的理论知识讲授相得益彰,使得思政课实践教学始终处在一个健康发展的轨道。如针对当前思政课实践教学中一定程度上存在实践教学的学分认定模糊的问题,各个学校需要将"社会大课堂"的实践教学纳入思政课整体教学

① 何益忠.论思政小课堂同社会大课堂结合的价值意蕴和实践路径[J].思想理论教育,2020(10)：71—75.
② 王易.推进新时代思想政治理论课高质量发展[J].红旗文稿,2022(6)：39—42.

管理统筹思考,科学制定实践教学中学时和学分的分配细则,以及相应的教师工作量核算的办法等,让师生都在实践教学中体会到获得感,从而保证实践教学的适恰性和长效性,这个也应当成为思政课教学管理的常势和常态。

(2)思政课实践教学研讨交流制度的规范。"社会大课堂"面对的是一个复杂的社会大系统,依托"社会大课堂"开展的实践教学并不是无缝对接的,而是有一个选择和适配的过程。因此,对于思政课社会实践教学的主题、方案等的确定,在遵守基本教学规范的同时,要加强常态化的研讨交流,广泛征求意见,凝聚集体智慧,形成"大思维",集成"大办法",增强思政课实践教学的针对性和可操作性。

(3)思政课实践教学主体常态化参与制度的规范。教师是思政课实践教学计划的主要设计者和参与者,是实践教学活动的主要组织者和管理者,在实践教学中起到非常关键的作用。为此,思政课实践教学各项教学管理制度的制定,要着力改变教育主管部门在制度制定中的"代理主义"倾向,切实体现出思政课教师参与制定的主导作用。如吸收部分校内外专、兼职思政课教师组成思政课实践教学管理工作小组,开展常态化实践教学管理制度的制定、修订和完善,确保各项教学管理规范更加符合实际、更加科学合理、更加具有可操作性,从而真正为思政课实践教学赋能增效。

2. 健全思政课实践教学质量保障

思政课实践教学管理规范的制定是前提和基础,要使这些管理规范落到实处、取得实效,有必要建立健全思政课实践教学的质量保障体系。根据常规教学质量保障体系建设的逻辑,思政课实践教学质量保障体系应当包括三个接续的环节:

(1)制定科学的思政课实践教学质量标准。思政课实践教学质量标准的制定要考虑到两个方面:一方面,要着眼于实践教学与理论教学的契合度,即实践教学的主题和任务是否与理论教学内容相契合,以及在多大程度上回应了理论教学的重点和难点;另一方面,要着眼于思政课实践教学的教学目标、教学任务、教学评价等,即实践教学的质量评价遵循一定的原则和依据,这样制定的质量标准才会更加明确、具体,具有可操作性。

(2)构建合理的思政课实践教学监控体系。依托"社会大课堂"的思政课实践教学的监控,相比"思政小课堂"的监控更加复杂,不仅涉及学校所在院部的教育管理者、教师和学生,而且会涉及实践教学中发生关联的各类社会主体,这就要求思政课实践教学监控体系的构建,应当在学校管理主体之外,积极吸收社会多元主体参与监控,形成校社联动的结构形式,对实践教学的监控更加全面、准确和完整。

(3)形成稳定的思政课实践教学反馈机制。结合教学检查、召开学生座谈会、开展满意度测评等,注意收集学生在思政课实践教学中的信息反馈,以便及时进行干预和调整。在"大智移云"时代,各个学校智慧校园的建设,网络信息技术为教学反馈提供了多样化的手段和畅通的渠道,让实时化的信息反馈成为可能。当然,依托"社会大课堂"的实践教学的时空场域较广、自由度相对较大、不确定性因素较多,教学信息反馈的难度较大。在这方面,其他专业课程实践教学中的一些成熟经验,可以为思政课实践教学监控提供借鉴。如采取全程录像的形式对思政课实践教学活动进行过程性监控,考虑到思政课教学对象的规模过于庞大、教育场域过于宽广,这种管理办法的操作难度较大;再比如,借助一些教学平台进行网络化管理,将实践教学的过程性材料按照一定的标准和要求上传平台,通过网络平台进行过程性监控,这种办法相对而言更易于操作。①

(二)中观层面:整合实践教学的平台和资源

两个课堂深度结合中的思政课实践教学,要坚持以"大思政课"为重要指向深化改革创新,重点是各种平台和资源的整合和利用。通过搭建合作交流平台,打通不同主体和资源之间的壁垒,在协同联动中增强育人合力。

1.实践教学平台和资源整合的原则

在"思政小课堂"与"社会大课堂"深度结合的过程中,实践教学平台和资源的整合应坚持一定的原则,除了要与实践教学的目标和任务相一致,还需要掌握好三个方面的原则,即价值性原则、科学性原则和适度性原则。

(1)关于价值性原则

思政课是落实"立德树人"根本任务的关键课程,这一定位决定了思政课实践教学在平台和资源的选择和整合上要慎之又慎,务必坚持"立德"与"树人"的统一,既要考虑到政治性,坚持正确的政治立场和政治方向,又要考虑到思想性,所选取的平台和资源能够引起学生的共鸣、触及学生的思想,在实践教学中帮助学生坚定理想和信念,树立正确的世界观、人生观和价值观。如新冠病毒肆虐的三年,全国人民在党的领导下打造的抗疫场景、发生的抗疫故事、涌现出的抗疫先进典型、形

---

① 李大健.高校善用"大思政课"铸魂育人的三大保障[J].思想理论教育,2022(9):118-124.

成的伟大抗疫精神等,都是思政课实践教学最生动的资源。

(2)关于科学性原则

思政课实践教学平台和资源的选取要遵循教育教学的基本规律,同时也要符合学生的身心发展规律和社会认知规律。一方面,选取和整合的平台和资源应当是真实可信的。一般而言,真实的理论素材是来源于现实生活的,是社会问题和社会现象的客观呈现。这些素材反映出来的深层次的矛盾,往往就是学生现实生活中可能遇到的实际问题。① 因此,真实可信的素材更容易让学生信服,而且有助于帮助他们认识和把握社会现象,增进社会认知和理解。如在思政课实践教学中选取抗疫有关的素材时,面对互联网上鱼龙混杂的信息素材,必须做好科学的研判和甄别,严格把控教学素材的真实性,否则可能会产生适得其反甚至负面的效果。另一方面,选取和整合的平台和资源应当是符合学生认知的。当前的思政课教学面对的是"00后"学生,伴随互联网成长的这一代有着较为宽广的知识面和创新意识,但同时因社会环境的变化和影响,又对很多社会现象的认识和理解相对局限,个性化色彩相对更浓。思政课教师在实践教学平台和资源的选取及整合方面不能拘泥于一种方式,要坚持守正与创新相统一,做到"思维要新"。在实践教学中既义正词严又循循善诱,帮助他们运用辩证的思维,学会从正反两个方面看待社会现象和问题,开展理论分析。②

(3)关于适度性原则

社会平台和资源作为鲜活素材的主要来源,是思政课实践教学的主要载体和素材。虽然这些素材能够在一定程度上引发学生的学习兴趣,但是如果选用过多过泛、不加区别地盲目引入,不仅会因聚焦不够冲淡了实践教学主题,而且容易造成学生的倦怠情绪。③ 因此,实践教学平台和资源的选取和整理并非无原则的简单堆砌,应当依据一定的逻辑关系,做到质量契合、重点分明、取舍得当,形成好而精、高质高效的实践教学素材。④

---

① 顾恩平.案例教学在高校"概论"课教学中的运用研究[J].教书育人(高教论坛),2018(7):45.

② 王珂园,常雪梅.在为人民服务中茁壮成长——习近平总书记回信在北京大学援鄂医疗队"90后"党员和青年学子中引发强烈反响[N].光明日报,2020-03-18(1).

③ 张代宇.疫情新闻在思政课中的育人价值及应用原则研究[J].新闻研究导刊,2021(3):2.

④ 张卓群,张红."大思政课"视角下高校思政课教学改革探索[J].沈阳大学学报(社会科学版),2021(12):693-697.

2.实践教学平台和资源整合的路径

(1)两个课堂结合中的教学平台建设

善用"社会大课堂"的一个基本前提是搭建社会"大平台"。研究认为在推动"思政小课堂"与"社会大课堂"深度结合的过程中,教学平台的建设可以从三个方面做出努力。

一是基于实践教学的共建平台。这里的平台建设包括了两个方面:一方面是学校层面思政课与思想政治教育活动各种平台的合作建设,通过"第一课堂"与"第二课堂"的协同拓展思政课实践教学的时间和空间;另一方面是社会层面的各种实践教学平台,重在用好"社会大课堂",校企、校地共建各种不同类型的实践研学基地,借助"社会大课堂"拓展思政课实践教学的载体和途径。

二是基于教学资源的共享平台。社会是一本大书,这本书让我们永远都读不完。"社会大课堂"生发于社会之中,其中蕴含着思政课最丰富的资源、最鲜活的素材,可以说是思政课教学最有说服力的教科书。如在中国共产党带领全国人民从站起来、富起来到强起来的伟大飞跃中,走过的光辉历程、积累的丰富经验、取得的重大成就、发生的历史变革等。再比如,改革开放以来的城市改革、乡村振兴、脱贫攻坚、全面小康等,都是思政课的生动教材。在这一过程中,为更好地强化教学资源共享平台的建设,有必要配套建立和完善思政课实践教学的问题库、素材库、案例库等教学资源库建设。

三是基于网络教学的合作平台。适应网络信息技术的发展,推动思政课教学平台建设向网络拓展。这里既可以是在线开放课程、电子教学资源库等网络平台的自主建设,也可以是借助"社会大课堂"中其他教育主体的网络平台开展合作育人。比如,近年来教育主管部门推进的"云上思政课""共上一堂思政大课"等活动,就很好地发挥了新媒体、新技术的作用,增强了思政课教学的辐射面和影响力。①

(2)两个课堂结合中的教学资源整合

善用"社会大课堂"的另一个重要前提是整合社会"大资源"。在推动"思政小课堂"与"社会大课堂"深度结合的过程中,教学资源的整合可以从三个方面做好文章。

一是课程教材资源的整合。教材是课程的"物化"形态,是课程教学的主要依

---

① 石书臣,韩笑.大思政课"协同机制建设:问题与策略[J].思想理论教育,2022(6):71－76.

托。思政课的政治性、理论性、政策性较强,各个学段都设有不同的思政课程,同时都有配套的标准化、规范化的统编教材。当然,在"大思政课"建设的新要求下,适应"00后"学生的知识结构和成长特点,要适当地做好教材体系向教学体系的转变,在政策允许的范围内编写反映中国特色社会主义最新成果和社会发展重大现实问题的教学辅助教材,如思政课实践教材。在思政课实践教学中,思政课教师有必要通过整合课程教材资源,对理论知识进行学理化阐释的同时,做好理论知识的具体化、生活化、实践化阐释。需要说明的是,思政课课程教材的整合或者思政课实践教材的编写,需要在严格遵循统编教材核心内容的基础上,根据不同课程的特点,既考虑到内容框架、体系结构、基本概念、基本原理、知识关联等,又辅之以材料、案例、文档、操作流程等资源的整合。

二是历史文化资源的整合。习近平总书记指出:"历史是最好的教科书。对我们共产党人来说,中国革命历史是最好的营养剂。"①中国古代有着5 000多年光辉灿烂的文化,近代有着100多年的革命文化、社会主义建设文化,这些都是思政课很好的资源和素材。从"大历史观"的眼界,深入挖掘这些历史文化资源,在思政课实践教学中学好用好党史、新中国史、改革开放史、社会主义发展史、中华民族发展史,推动中华优秀传统文化的创造性转化、创新性发展,是思政课的责任,也是"大思政课"的要求。

三是现实生活资源的整合。我国著名教育家陶行知先生提出:"教育即生活,社会即学校。"思政课教学的理论知识都源于社会实践,最终还要学以致用,指导社会实践发展。思政课教学资源的重要来源还包括社会发展的成就、经验和改变,现实生活中形形色色的社会现象、社会问题、社会活动,这些都与我们的现实生活息息相关,可以说是国家关切、社会关注、学生关心。② 因此,坚持理论与实践相结合,将现实生活中的各种资源转化为思政课教学的优质素材,能够更好地用身边的"小故事"讲好思政课"大道理",引导学生在鲜活的现实和生动的实践中强化理论认同、增强理论自信。

3. 人工智能赋能教学平台资源建设

人工智能是新一轮科技革命的重要表征,以数据驱动为动力,以智能算法为核

心,以智能平台为载体。当前,信息技术在"思政小课堂"与"社会大课堂"结合中的应用取得了一些进展,但总体还不够深入,无论是技术条件、平台支撑还是数据驱动、场景应用,同人工智能等先进技术发展存在一定的差距,需要大力推进人工智能在"大思政课"建设中的应用,赋能实践教学平台和资源建设。

(1)完善教学平台建设是人工智能赋能"大思政课"的基本要求。密切关注人工智能等先进技术的迭代升级,坚持"技术赋能＋平台升级"的思路,协同校企、校地等多方育人力量,加强基础支撑平台建设,打造融 AR、VR、MR、元宇宙等先进技术的全程智能、全员智能的智慧教学平台,打破思政课教学中存在的时空壁垒,完成现实空间和虚拟空间的自由切换,实现思政课教师"时时可育人,处处能育人",学生"时时可学思政,处处能学思政"。

(2)精准匹配资源是人工智能赋能"大思政课"的重要任务。以大数据、云计算、移动互联网等为特征的人工智能具有高速计算、快速检索、动态更新等技术优势,能够根据思政课教学的原则和需要,在最短的时间内完成对海量的教学资源做出快速分析、聚合类化、有效整合,实现资源供给的精准匹配,让思政课的教学资源常备常新、常讲常新。此外,人工智能的重要技术指向是个性化定制化,借助大数据、智能算法等技术,完成对学生学习的精准化供给。[①] 如通过实时监测学生的网页浏览、热点评论、社交数据、转发分享等产生的数据,科学分析学生的思想动态、知识偏好、价值取向等,全面准确细致地了解和掌握学生的学习偏好、学习优势、学习短板等,为学生个体和群体"精准画像",有针对性地整合教学资源,精准化地匹配教学供给,为落实"立德树人"根本任务提供有利条件和有效支持。

(三)微观层面:丰富实践教学的内容和形式

习近平总书记强调指出:"'大思政课'我们要善用之,一定要跟现实结合起来。上思政课不能拿着文件宣读,没有生命、干巴巴的。"[②]"社会大课堂"为思政课改革创新提供了丰富的素材资源和实践载体,保证了思政课不断丰富实践教学内容、创新实践教学形式。

1.丰富思政课实践教学的内容

① 宫长瑞,张乃亮.人工智能赋能"大思政课"的育人图景和实践策略[J].中国大学教学,2022(8):15—20.

② 习近平.思政课是落实品德树人根本任务的关键课程[J].求是:2020(17).

毛泽东对辩证唯物论的认识论有一段经典的阐述:"实践、认识、再实践、再认识,这种形式,循环往复以至无穷,而实践和认识之每一循环的内容,都比较地进到了高一级的程度。"①一切认识都来源于实践,一切正确的认识都需要经过实践的检验。"大思政课"强调"思政小课堂"与"社会大课堂"的结合。但是,社会是客观存在的,社会实践并不会自发成为思政课堂,需要我们善用"社会大课堂",善于运用"社会大课堂"中无尽的现实素材,不断丰富思政课实践教学内容,为"大思政课"建设持续注入活力。如与现实生活紧密相关的全面小康、美丽中国、脱贫攻坚、抗击疫情……这些鲜活的现实故事都为思政课实践教学提供了生动的素材。②

在这些素材中,红色资源在本质上是一种独特的人文资源,与思政课在思想内容和价值导向上具有高度契合性,本身就是思政课教学的重要内容和有效载体。将红色资源融入"大思政课",有助于帮助学生形成正确的历史观、国家观和民族观,树立正确的世界观、人生观和价值观。

(1)凝聚"强磁场",提升思政课实践育人的"高度"。红色资源是革命先辈浴血奋斗遗留下来的历史资源,是党和国家的宝贵财富,传递着中国共产党人卓越的精神追求,凝聚着党的智慧和经验,蕴含着革命文化和民族精神,是兴党存史育人的宝贵资源。思政课实践教学中通过整合"家门口"的红色资源,校地共建思想政治教育实践基地,注入红色资源的精神滋养,可以更好地汇聚起红色资源的"强磁场",并发挥其强大的辐射作用,教育和引导学生滋养初心、淬炼灵魂,帮助他们树立马克思主义信仰,坚定社会主义和共产主义信念,自觉成为堪当中华民族伟大复兴重任的时代新人,有力保证思想政治教育的政治方向。

(2)拧成"一股绳",提升思政课实践育人的"力度"。红色资源记录了中国共产党带领全国人民进行革命、建设和改革的伟大实践,是生动的历史"教科书"。结合革命旧址、纪念地等历史遗址,以及传奇的历史故事、鲜活的人物事迹,通过加强对"历史展陈""历史遗迹"等红色资源的挖掘,深入挖掘每一处场景、每一段故事、每一个人物的历史资料,为思政课实践教学提供源源不断的内容素材。此外,还需要注重挖掘红色资源蕴含的丰富的隐性教育素材。比如,革命论著、历史标语、影像

①　毛泽东选集,第 1 卷[M].北京:人民出版社,1991:296－298.
②　赵春玲,逄锦聚."大思政课":新时代思政课改革创新的重要方向和着力点[J].思想政治理论课教学,2021(8):97－102.

资料等。这些红色资源本身就是独一无二的历史文化积淀,通过深入挖掘、开发和利用,将其拧成"一股绳",丰富思政课实践育人内容,给予学生更强烈的感官冲击,让思政课更直观、更生动、更鲜活,从而更好地助力"大思政课"高质量建设。①

值得注意的是,依托"社会大课堂"的思政课实践教学是理论教学的延伸和拓展,近年来在国家政策的引领和推动下,尽管取得了一些进步和成效,但在精度、广度、深度上都还存在一些不足,体系化、制度化建设有待进一步加强,需要构建完善的思政课实践教学课程体系,逐步推进思政课实践教学的规范化建设。在具体操作中可以把思政课实践教学作为一门课程,结合实践资源和课程实际,因地制宜地制定实践教学大纲、实践教学标准,严格落实课时要求、考核标准,从而更好地增强思政课实践教学的规范化、制度化建设,让善用"社会大课堂"真正落到实处。②

2. 优化思政课实践教学的形式

"大思政课"建设需要理论与实践相结合,在这个过程中,理论教育必不可少,实践体验同样重要。"社会大课堂"时空的开放性为思政课实践教学体验提供了有利条件,有助于思政课实践教学的创新和优化。

(1)坚持"引进来"的原则,在实践教学中有效融入社会实践活动。可以采用活动式实践教学和观影式实践教学。我们以观影式实践教学为例,借助试听手段和虚拟形式,把一些学生到不了的社会实践基地或实践教育情境搬到课堂,更好地引发学生共鸣。如讲到"社会主义新农村建设"时,把新农村建设的典型样板,通过试听资料的形式播放给学生观看,让学生产生身临其境的感受。再如,讲到"社会主义生态文明"建设时,将祖国的大好河山沉浸式地展现在学生眼前,让学生足不出户就能感受到"绿水青山就是金山银山"。随着网络信息技术的发展,虚拟仿真、人工智能、元宇宙等在教学改革中的应用,将在更大程度上推动"引进来"的实践教学形式创新发展。

(2)坚持"走出去"的原则,到社会实践中开展思政课实践教学。可以采用感受型实践教学和体验型实践教学。对于感受型实践教学,就是让学生在社会接触中认识社会、感悟社会,从而产生具体的实践感受,其中最常见的是参观交流和实践

---

① 桑雷. 活用"红色资源"上好"大思政课"[EB/OL]. http://www. dangjian. cn/shouye/dangjiangong-zuo/shidaimayuan/202201/t20220105_6279360. shtml,2022－01－05.

② 朱旭."大思政课"理念:核心要义、时代价值与实践路径[J]. 马克思主义理论学科研究,2021(5):107－114.

调研。如选取地方展览馆、实践教育基地进行参观学习,围绕某一选题开展社会调研等,这种模式的优点是直观性强、便于操作,但往往受到地方资源和学生规模等的限制。对于体验型实践教学,就是让学生亲身参与社会实践活动,在实践情境中获得直接的实践体验。身临其境的实践体验性往往更容易让学生产生共鸣,实现外在教育向内在修养的转化。如思政课教师组织学生置身于红色教育场景中,通过互动参与、情景再现、诗歌朗诵、红歌演唱等形式,开展全景式红色体验,让学生在行动中体验,在体验中感悟,在感悟中提升。同时,运用信息化手段,全面、系统地接触和了解这些红色资源,帮助学生进一步增强文化认同感,不断提升文化自信。这种模式的优点是互动性强、可感可触,但往往也会受到资金支持和学生规模的限制。

总之,无论是"引进来"还是"走出去"都是思政课实践教学行之有效的形式,各有优点,也有一些限制。"社会大课堂"蕴含的丰富实践资源和先进信息技术手段,能够更好地促进思政课实践教学扬长避短,最大限度地创新思政课实践教学的手段,优化思政课实践教学的形式。

值得注意的是,思政课实践教学与学生的思想政治教育活动存在一定的联系,但并非完全一致,需要加以区别对待。在两者结合的过程中,除了在制定制度、设计方案、组织教学等方面有着明确的规定以外,还要注意教学任务与活动内容是否契合、教学计划与活动时间是否冲突、教学形式与活动形式如何选取等具体问题,确保思政课实践教学不虚空、不偏离、不走样。①

第三节　完善两个课堂深度结合的保障机制

在"大思政课"建设理念下,综合考量"思政小课堂"与"社会大课堂"深度结合的各种影响因素,重点探讨两者深度结合的支持体系和保障机制,具体表现在常态化的管理机制、一体化的联动机制和长效化的保障机制。

一、常态化的管理机制:建设"大团队",凝聚"大智慧"

"大思政课"具有全局性和整体性的特点,倡导构筑多元主体共同参与的协同

---

① 刘浩天,董杨.浅论思政课实践教学与大学生社会实践活动的结合[J].中国成人教育,2014(11):147-149.

育人新格局。"思政小课堂"与"社会大课堂"的结合是一项复杂的系统工程,需要建设"大团队"、凝聚"大智慧",这就要求政府、学校、社会等多元主体的紧密合作和协同配合,凝聚起合力,在管理机制上做到整合贯通。

(一)搭建有力有序的运行架构

加强宏观层面的顶层设计是实现两个课堂深度结合的根本要求,也是建设"大思政课"格局的根本保障。只有做好了顶层设计,"大思政课"的地位和作用才能得到有效保证,两个课堂的深度结合才具有体制机制的支撑,才能做到制度化、系统化。考虑到两个课堂结合中的主体,其常态化的运行应该是一个包括政府、学校和社会等多元主体密切合作、各司其职的组织架构。

(1)政府相关职能部门要做好社会资源的统筹协调,制定相关的政策措施,完善相关的体制机制。这样,通过明确的管理制度,从政策上解决两个课堂深度结合中存在的制度化、流程化的难题,从根本上消解多元主体条块分割、协同不足的困境,形成全方位、立体化的协同育人格局,从而为两个课堂的深度结合提供最基本的保障。①

(2)学校要体现出在两个课堂深度结合中的主导地位,落实思政课是"第一课程"的要求,把思政课建设作为"一把手工程",构建党委统一领导、党政齐抓共管的工作机制,坚决破除思政课是马克思主义学院职责任务的思想偏见,将"大思政课"建设纳入学校整体规划统筹安排,建立和完善常态化的领导机制、组织机制和运行机制,确保学校的各种要素在两个课堂结合中发挥工作合力,形成全校深度参与、协同配合、多路推进的高度自觉,为两个课堂的深度结合提供领导和组织保障。

(3)社会力量在两个课堂的结合特别是"社会大课堂"建设中发挥着举足轻重的作用,不能忽视了家庭、社区、社会组织、社会团体等社会力量的积极参与,要在全社会形成依靠社会力量、动员社会资源、重视社会育人的良好氛围和环境,真正地实现两个课堂的深度结合和协同育人。毕竟,在两个课堂深度结合的过程中,一支竹篙难渡海,众人开桨划大船。

(二)开展高质高效的组织管理

高质高效的组织管理是"大思政课"产生能量的动力资源,也是推动两个课堂

---

① 朱旭."大思政课"理念:核心要义、时代价值与实践路径[J].马克思主义理论学科研究,2021(5):107—114.

深度结合的载体,因而要通过加强和改进制度建设,更好地发挥制度之于两个课堂深度结合的推动和保障作用。根据两个课堂协同的要求,

(1)首要的是将制度建设贯穿"大思政课"建设的全方位、全过程,在横向和纵向上都做到制度的贯通与衔接。在横向上,把这些要求体现到组织领导、教学改革、实践教学、考核评价等各个环节的制度建设中,形成协同效应。在纵向上,把这些要求贯穿到大中小学思政课一体化建设的各个学段,通过螺旋上升的制度安排,协同推进实践教学向纵深发展。

(2)在做好总体制度设计的同时,重点建立和完善学校与社会协同育人的各项具体制度。两个课堂的深度结合单靠学校和思政课教师是无法实现的,必须依托"社会大课堂",借助社会和政府的力量,整合和利用好社会平台和资源。这就要求建立和完善学校与社会双向互动的各种协同制度,其中又具体包括思政课实践教学基地管理制度、思政课教师实践研学研修管理制度,以及相关的思政课特聘教师管理制度、思政课兼职教师管理制度等,支持和鼓励地方党政干部、社会专家、先进模范等走进学校、走上课堂,并且覆盖到大中小学各个学段的思政课。[①]

(3)"大思政课"建设以及两个课堂的深度结合都不是一蹴而就的,都是需要长期建设的过程,因而长效机制的建设不可忽视,在推动协同机制规范化、制度化的同时,也能在一定程度上避免和克服具体运行中的标签化、形式化倾向,确保两个课堂的深度结合有制度可依照、有规范可保障,实现可持续健康发展。

二、一体化的联动机制:形成"大合力",构建"大格局"

"思政小课堂"与"社会大课堂"的深度结合,要有效发挥多元主体在宏观、中观、微观上的作用,建立一体化的联动机制,形成育人"大合力"。

(一)宏观层面重在系统设计

宏观层面的系统设计主要体现在三个方面:

(1)在课程教学的安排上,找准两个课堂深度结合的切入点和着力点,做到有的放矢。"思政小课堂"偏重于理论知识的传授,"社会大课堂"偏重于社会实践的体验,两个课堂各有侧重点,相互之间有着理论联系实际的互补性需求。当然,两个课堂的结合绝不是无原则的,必须做好顶层设计,结合教学内容和实践资源等,

---

① 石书臣,韩笑."大思政课"协同机制建设:问题与策略[J].思想理论教育,2022(6):71-76.

明确两个课堂的结合点,切实做到将"思政小课堂"的知识学习与"社会大课堂"的社会实践有机融合,切实起到理论联系实际的效果,在社会实践中深化理论认知、增强理论认同。在此,任何形式的"走过场""搞形式"都是不可取的。

(2)在平台资源的整合上,基于两个课堂的实际状况实现优势互补。学校具有人才和智力集聚的优势,有着比较完备的教学科研条件和德才兼备的思政课教师队伍,能够为"社会大课堂"提供理论指导。社会本身也是一所"大学校",存在着丰富的实践平台和资源,能够为理论知识的实践验证和转化提供多元化的载体和多样化的机会,是"思政小课堂"的有益补充,要做好两个课堂的联通共建,打造出系统完备的思想政治教育平台和资源供给体系。

(3)在多元主体的协同上,加强彼此之间的沟通交流实现两个课堂的有机结合。两个课堂的深度结合,各个主体之间的沟通交流非常重要,是形成"大合力"的重要前提。其中,校地共建实践基地是经实践证明比较可行的方法。除此之外,无论是课程教学还是实践活动都需要做好统筹安排,不能一拥而上,更不能千篇一律。"思政小课堂"的社会拓展要紧密围绕课程目标和内容,"社会大课堂"的实践活动要有助于对理论知识的理解、认同和运用。[①]

(二)中观层面重在协同融合

"大思政课"的本质是思政课,两个课堂结合的主体是学校和社会。做好两个课堂的深度结合,还要积极探索协同融合的有效途径,具体地体现在三个方面。

(1)努力构建马克思主义学院与宣传部、学工部、教务处、团委等相关职能部门协同育人的新生态。这些部门都承担着一定的育人任务,要采取有效措施激活他们的"神经末梢",激发其参与协同育人的积极性,营造各司其职、齐抓共管的良好氛围,形成多方合作配合、多元协同育人的教育生态。

(2)努力构建思政课教师与思想政治教育工作者队伍协同育人的新模式。从"立德树人"的根本要求来看,这两支队伍应该是一体的,都承担着铸魂育人的光荣使命。然而,现实中两支队伍一定程度上存在脱离的现象,思政课教师往往只承担教学任务而疏于学生管理,思想政治教育工作者往往承担学生管理实务而不承担教学任务,于是成为两条不相交的"平行线",基本上处于"敲锣卖糖,各管一行"的

---

① 王碧波.高校思政小课堂同社会大课堂结合的内在逻辑及实现路径[J].高校辅导员,2020(1):64—68.

状况。为此,在两个课堂深度结合的过程中,学校应当加强对这两支队伍的深度融合,从育人目标、教学要求、教学方法等方面系统谋划,发挥好两支队伍综合育人的合力。①

(3)努力构建学校与社会两个主体协同育人的新格局。"思政小课堂"与"社会大课堂"的结合,主要解决的是理实脱节、知行割裂的问题,必然要求学校与社会之间密切合作、加强联动。这一对关系中,前者依托的主体是学校,后者依托的主体是社会,学校和社会在两个课堂的结合中缺一不可。由于"社会大课堂"的复杂性,学校这一主体更应该积极作为,积极探索"思政小课堂"向社会延伸拓展的新途径和新方法,通过平台、载体、资源等方面的相互补充,以此带动两个课堂的深度结合。当然,在这一深度结合的过程中,学校对社会平台和资源的挖掘和利用,应该遵循人才成长规律和资源整合规律,本着合作协作、互利互惠的原则,旨在集智聚力优化策略,形成学校与社会两个主体协同育人的新格局。

(三)微观层面重在积极参与

无论是宏观层面的系统设计还是中观层面的协同融合,最终都要通过微观层面的教师和学生来具体实施,因而需要通过有效措施引导师生积极参与,发挥师生在两个课堂深度结合中的重要作用。

(1)对于思政课教师来说,习近平总书记提出了24个字的标准和要求,即"政治要强、情怀要深、思维要新、视野要广、自律要严、人格要正"。② 不仅要有广博的马克思主义理论知识和良好的职业素养,在"思政小课堂"上传道授业解惑,而且在"社会大课堂"上也能以身作则、率先垂范,通过积极参加社会实践活动增长见识、开阔视野,更好地进行理论与实践的结合。

反映到两个课堂结合的具体实践中,思政课教师既是"思政小课堂"的主导者,也应当是"社会大课堂"的设计者、组织者、参与者。如思政课教师通过认真研学课程标准和教材内容,科学把握实践教学在整个课程教学体系中的地位和作用,同时在课程要求和课时要求许可的情况下,整体设计"社会大课堂"的实践教学活动。在具体实施实践教学的过程中,思政课教师往往不仅要参与教学过程,还要对实践

---

① 何益忠.论思政小课堂同社会大课堂结合的价值意蕴和实践路径[J].思想理论教育,2020(10):71—75.

② 习近平主持召开学校思想政治理论课教师座谈会强调 用新时代中国特色社会主义思想铸魂育人 贯彻党的教育方针落实立德树人根本任务[N].人民日报,2019—03—19(01).

教学活动进行监控,对学生的学习效果进行反馈和评价等。

(2)对于学生而言,作为理论教学和实践教学的主要对象,学生参与教学的情况直接关系到思政课的教学成效。因此,在总体上遵循教育教学基本规律、思想政治教育工作基本规律、学生成长成才基本规律的前提下,建立和完善学生有效参与"社会大课堂"的实践学习保障机制很有必要。如促进学生有效参与的教育支持环境,其中又涉及教学资源条件的补充、和谐教学团队的打造、实践资源的开发和整合、信息化实践教学平台的建设等;促进学生有效参与的组织策略;促进学生有效参与的专业支持,实现思政课实践教学与各专业教学进度和内容的同步设计,"社会大课堂"教学资源供给与现行课程教学资源需求的有机结合。[①] 通过一系列学习保障机制的建立,激发学生参与"社会大课堂"实践教学的积极性和主动性,提升思政课实践教学的信度和效度。

三、长效化的保障机制:促进"大融合",体现"大成效"

"思政小课堂"与"社会大课堂"的深度结合,是一个长期的系统工程,不仅需要健全的常态化工作机制,而且需要建立和完善长效化的支持保障机制,其中最主要的是教学质量的评价改革和教学经费的支持保障。

(一)加强教学质量评价改革

教学评价是教学活动的反馈系统,科学的评价能够帮助教师反思教学过程、诊断教学问题、改进教学活动。体现在思政课教学中,教学评价就是思政课的质量保证和改进动力。"大思政课"强调开门办思政课,突出"社会大课堂"的实践育人作用,提升学生参与实践教学的体验感和获得感。为此,适应两个课堂深度结合的要求,必须建立和完善实践导向的教学质量评价体系,并制定相关的配套制度和文件。从两个课堂协同育人的视角来看,评价机制涉及学校、社会等多元实施主体,这就要求建立一个系统、协同的评价体系,并且把实践导向贯穿和落实到"大思政课"建设的各个方面和各个环节。

具体到各个评价要素,在评价主体方面,不仅要加强教师、学生之间的自评和互评,而且要尝试引入社会评价机制,通过多元主体的综合评价,增强评价的科学性、适恰性和合理性;在评价对象方面,不仅要评价教师教学的情况、学生参与教学

---

① 贾美华. 如何促进学生有效参与社会大课堂实践学习[J]. 教育科学研究,2010(12):65—68.

的情况,而且要评价学校、社会组织等的贯彻落实情况,以及党政机关、政府职能部门等的支持情况等;在评价原则方面,不仅要体现两个课堂结合中的理论与实践结合、历史与现实呼应,而且要体现横向联动与纵向衔接等;在评价指标方面,不仅要考核思政课理论与实际的结合情况、社会平台的共建情况、实践资源的整合情况,而且要考核思政课教师的实践素养、专兼职思政课教师队伍建设情况等,特别是将思政课教师实践教学能力作为重要的评价指标,引导和督促思政课教师走进社会、融入实践、增长本领;在评价方法方面,要坚持短期评价与长期评价的结合、终结性评价和过程性评价的结合,考虑到思政课的特殊属性,要突出增值性评价的功能和作用,不仅要看到即时的教学效果,而且要看到思政课之于学生在理想信念树立、思想道德养成、价值观塑造等方面的长期影响和作用。[①]

当然,无论采取什么样的评价标准和方法,"大思政课"视域下思政课教学质量评价,归根到底还是要看学生通过学习以后,认同感是否得到了加强、获得感是否得到了增强,认识、分析、解决现实问题的能力是否得到了提升。[②]

(二)加强教学经费的支持保障

在"大思政课"建设过程中,特别是"思政小课堂"向社会的延伸拓展,必须有充足的经费支持作为保障。在这一过程中,依托"社会大课堂"开展的各种实践教学活动需要经费支持。[③] 如实践教学活动中产生的交通费、食宿费、资料费、讲解费、聘请校外专家的劳务费、咨询费等,虽然单笔经费支出不会太高,但考虑到思政课授课学生的群体规模和数量,总体预算也是一笔不小的开支。基于两个课堂深度结合的社会实践平台建设和社会资源的整合也需要经费支持。如社会平台的教学配置、实践资源的技术转化、社会兼职教师的津补贴等相关费用,这些都需要持续的经费投入。

根据前面调研反馈的信息也一再提醒我们,目前绝大多数学校都非常重视思政课建设,专门成立了马克思主义学院,并且按照教育部文件要求,在确保正常办公经费的基础上,按照在校生数量每生不低于 30～40 元的标准足额拨付思政课专项经费,用于思政课建设、思政课教师的学术交流和实践研修等。还有一些学校专

---

① 石书臣,韩笑."大思政课"协同机制建设:问题与策略[J].思想理论教育,2022(6):71—76.

② 赵春玲,逄锦聚."大思政课":新时代思政课改革创新的重要方向和着力点[J].思想政治理论课教学,2021(8):97—102.

③ 夏天.思政课与社会实践的耦合[J].中学政治教学参考,2021(5):73—74.

门针对学生的实践活动设有专项经费。但是，仍有部分学校并未将思政课专项经费落实到位，甚至存在打折扣、变通执行的情况。我们试想一下，如果缺乏必要的经费支持和保障，思政课建设必然会遭遇困境，可能产生的结果就是"大思政课"建设停留在理念和文件层面，"思政小课堂"与"社会大课堂"的深度结合往往就会成为空谈。

为此，上级教育主管部门应加强督查，确保思政课专项经费落到实处、专款专用；学校应提高政治站位，充分认识到思政课是落实"立德树人"根本任务的关键课程，持续加强思政课的经费投入，在条件许可的情况下，在学校总体经费预算中划拨专项经费用于"大思政课"建设；学校相关职能部门应会同马克思主义学院制定专项经费管理和使用办法，确保经费的使用效益。此外，学校还可以通过产教融合、校企合作、社会服务等方式，多渠道争取行业企业、社会组织等的经费支持，为"大思政课"高质量建设提供有力的财力支撑。

第八章

结　语

第一节　研究的问题、结论及观点

研究以马克思主义实践哲学观为指导,结合学校思政课的功能定位和目标要求,通过分析"大思政课"视域下"思政小课堂"与"社会大课堂"的逻辑关系,充分论证两个课堂深度结合的必要性、可行性和合理性,为两个课堂"深度结合"的实践探索提供理论依据。同时,在理论研究和实证研究的基础上,重点分析当前"思政小课堂"与"社会大课堂"结合实践中存在的主要问题、影响因素、具体成因。进而从"供给""需求"结合的双重逻辑,提供两个课堂深度结合的指导原则、结合方式、有效路径及实施策略,进而尝试构建可操作、可复制、可推广的长效机制,为两个课堂的深度结合提供实践路径。

一、现实之问:两个课堂的结合何以可为

从政策层面来看,"大思政课"的提出,以及"思政小课堂"与"社会大课堂"的结合,是落实"立德树人"根本任务的要求,是培养担当民族复兴重任时代新人的需要,是思政课建设经验的系统总结,也是新时代思政课改革创新的需要;从理论层面来看,"思政小课堂"与"社会大课堂"的结合适应了大教学观的要求,同时契合了马克思主义实践哲学观、实践本质理论、教育互补理论等;从现实层面来看,近年来

在教育主管部门的积极推动和思政课教师的共同努力下,思政课教学的质量和水平取得了明显提升,思政课正在经历一场华丽蜕变,成为当之无愧、名副其实的"第一课"。

我们通过研究认为,思政课建设在总体向好的同时,还存在着一些潜隐的问题。用"大思政课"的视角重新审视两个课堂的结合,一种比秩序混乱更可怕的现象在有些"思政小课堂"悄然出现,我们将其称为"假装学习",可以说这是一种学生表演的新变种,在课堂教学中表现为"假装投入""假装合作""假装领会""假装满足"等,除去表象参与学习的外衣,似乎一切都与学习质量提升毫无关系。可以说,假装学习的危害让人忧心忡忡,学生一旦养成了类似"假装学习"的习惯,"假装"状态在学生之间蔓延,思政课的课堂学习就可能成了空耗时间的"表演",思政课教学质量的提升无疑会成为空话。究其原因,无论是社会因素、教师因素还是学生因素,归根到底是有些思政课的供给与学生需求不一致的问题,教师"教"的局限性与学生"学"的开放性存在着一定的矛盾,理论与实践并未很好地结合到一起。虽然有着依托"社会大课堂"的实践教学这一中介环节,但是实践教学的开展在很多学校还是形式大于内容,并未引起足够的重视。因而,学生学习的积极性和主动性没有被充分地调动起来,进而产生了"课堂沉默"的现象。

"大思政课"要求"思政小课堂"的社会时空拓展,将思政课放到社会广阔的时空载体和丰富的教育资源中去,让理论真正走进实践,让实践成为深化和巩固理论知识的空间场域,借此激发思政课教学的活力,这也体现了教育互补的逻辑。为此,推动"思政小课堂"与"社会大课堂"的深度结合,无论是从思政课的功能定位,还是思政课建设的目标要求来说,既是必要的,也是必需的。

二、理论之辨:两个课堂的结合何以可行

无论是"思政小课堂"还是"社会大课堂",都是"大思政课"的重要组成部分,在本质上都属于思政课的范畴。因其教学目标、教学内容、教学方法等方面的关联性,两个课堂的结合不仅是必要的,而且是可行的。其一,两个课堂结合的可行性,其学理逻辑主要回答的是理论可行性的问题。主要涉及理论与实践的辩证关系、人类认识运动的基本规律,以及两个课堂结合的内在基础,其中包括了教育环境的彼此贯通性、教育资源的联合共享性、面临问题的相互关联性、教育目标的内在一

致性、教育内容的融会贯通性、教育方法的创新协同性、教学测评的互动有效性、教育效果的相互影响性八个方面。其二,两个课堂结合的可行性,其现实逻辑主要回答的是学情可行性的问题。作为教育对象的"00 后"学生,其群体特征表现为个体意识表征的个性化、网络行为表现的多样化、情感价值表达的理性化,其思想特质表现为自我认知中理性与感性的相互交织、社会认知中稳定中潜隐不稳定因素,他们的群体特征、思想特质、接受程度等会在很大程度上影响到教育成效。

研究认为,"大思政课"的提出,以及两个课堂的结合,可以说是因时而进、因事而化,刚好适应了"00 后"学生对思政课改革创新的客观要求。一方面适应了"00后"学生的群体需求。不但要求立足于"思政小课堂",坚持让教学"贴近实际、贴近生活、贴近学生"的原则,而且要求做好教学内容与社会实际和社会生活的对接,让思政课借助"社会大课堂",走进实际、走进网络、走进生活,努力构建起既有"思政味"又有"生活味"、通俗易懂的思政课教学及话语体系,向学生传递必要的理论知识和价值导向。另一方面,适应了"00 后"学生的思想发展。在"社会大课堂"中,让学生身临其境地获得可感可触、具体翔实的现实素材,亲身体验和感悟社会主义建设的生动实践和巨大成就,让"思政小课堂"上学到的理论知识有了真实的事实依据和实践认证。同时,对学生在"社会大课堂"中获得的感性的、具体的、直观的认识,以思想性、理论性的话语实现提炼和升华,做到思政课教学的守正创新。这样,在理论与实践的相互印证中,在灌输与启发的相互作用下,教育和引导"00 后"学生切实对所学知识真知真信真行,在生活和学习中坚定"四个自信"、做到"两个维护"。这样,"思政小课堂"与"社会大课堂"的针对性结合,让思政课既能"顶天"又能"立地",在很大程度上适应了"00 后"学生的群体需求和思想发展,同时也让思政课教学具备了更好的现实基础。

三、实践之探:两个课堂的结合现状为何

按照"大思政课"建设的要求,两个课堂的结合应该是深度的、有效的。那么,实际的结合是什么样的状况?带着这一问题,研究分别针对教师和学生编制调查问卷,在此基础上面向部分学校开展了问卷调查,此次调查共收回有效问卷 3 506 份,其中教师问卷 462 份,学生问卷 3 044 份。对于教师的调查,主要围绕教师对两个课堂结合的认知态度、实践体验和现状评价等几个方面展开,调查结果显示:

思政课教师对两个课堂的结合表现出了极大的关注,认为两个课堂的结合对于思政课教学质量和教学效果的提升是非常必要的;以实践教学为切入点,开展两个课堂结合的实践探索,已经成为思政课日常教学改革的常态,并且绝大多数思政课教师有着非常好的实践体验。对于学生的调查,主要围绕学生对两个课堂结合的认同感、体验感、获得感等几个方面展开。调查结果显示:大多数学生能够积极参与两个课堂的结合,并且在实践中获得了较好的认同感和体验感;学生对两个课堂的结合总体上是满意的,认为有较好的获得感,但也提出了一些希望和建议,比如实践资源的整合、信息技术的应用等。

调查中发现的问题具体表现在三个方面:一是两个课堂在教育目的上存在相分离的状况,主要体现在有些学校在实践教学中"活动"对"教学"的遮蔽;二是两个课堂在教育内容上存在相脱节的情况,主要体现在有些学校将"社会大课堂"的实践教学简单地等同于各种表象化的社会实践活动,无形中消解了"社会大课堂"的教学内容;三是两个课堂在教育形式上存在不统一的情形,主要体现在有些学校在开展"社会大课堂"实践教学时,关注的重点是参与实践教学活动学生的覆盖面,片面强调活动的规模和数量,这样的行为往往又是以简化实践教学形式为代价的。

针对两个课堂深度结合中存在的问题,深刻剖析其原因,主要在于教学主体的参与度不够、教学平台的融合度不够、教学机制的协同度不够。具体表现为三个方面:一是教学主体协同育人的积极性尚未充分调动,集中体现为学校育人主体的参与度不够、社会育人主体的参与度不够;二是教学载体依托实践平台资源尚未有效整合,集中体现为两个课堂结合中实践教学资源的挖掘不深、实践教学资源的整合不够;三是教学管理组织保障体制机制尚未完全建立,集中体现为政策引导机制不够充分、交流合作机制不够健全、服务保障机制不够完善。为此,在"大思政课"建设的要求下,两个课堂的深度结合需要广泛调动多元主体的积极性,有效整合校内外一切育人资源,并形成常态化长效化的育人机制,最终构建起"大思政"协同育人的教育格局。

四、对策之思:两个课堂的结合路径何为

在理论论证和实证分析的基础上,研究提出"思政小课堂"与"社会大课堂"深

度结合三个方面的对策和建议:拓展两个课堂深度结合的思维范式、优化两个课堂深度结合的路径方法、完善两个课堂深度结合的保障机制。

(1)拓展两个课堂深度结合的思维范式,首要的是明确"小课堂·大社会"思维,实现两个课堂的横向融通、纵向贯通。一方面,在横向上强化"思政小课堂"向社会延伸拓展。"思政小课堂"向社会的延伸拓展涉及现实社会、虚拟社会等不同层面,具体化为三个方面:善用"社会大课堂",推动理论与实践相结合;善用"网络云课堂",推动线上与线下相结合;善用"思政全课堂",推动思政与专业相结合。另一方面,在纵向上推进大中小学思政课一体化建设。考虑到不同学段思政课育人目标的一致性、育人内容的递进性、育人资源的共享性,要用系统教育的模式来看待思政课建设,研究不同学段思政课的教学目标及其有效衔接,有助于提高思政课教学目标设计的科学性、合理性和指导性,推动"思政小课堂"与"社会大课堂"的深度结合。

(2)优化两个课堂深度结合的路径方法,需要基于两个课堂的特点和优势,通过找准契合点和关键点,明确两个课堂深度结合的着力点。其中,教师队伍建设是关键,实践教学改革是重要抓手。

其一,在思政课教师队伍建设方面:一是要持续提升思政课专职教师的马克思主义理论素养,同时花大力气提升思政课教师的实践素养;二是要依托"社会大课堂"中的优质社会资源,将那些具有丰富知识储备、社会实践经验和社会实践能力的人才,作为兼职教师吸纳到思政课教师队伍中来,通过专兼结合、质量兼顾的要求和形式,在优势互补中优化思政课教师队伍,构建专兼职教师共联互动的协同育人格局。

其二,在实践教学改革方面:一是在宏观上实施精细化的实践教学管理,包括了完善思政课实践教学管理规范和健全思政课实践教学质量保障两个方面。其中,思政课实践教学管理规范又具体涉及思政课实践教学基本管理制度的规范、思政课实践教学研讨交流制度的规范、思政课实践教学主体常态化参与制度的规范;思政课实践教学质量保障又具体涉及制定科学的思政课实践教学质量标准、构建合理的思政课实践教学监控体系、形成稳定的思政课实践教学反馈机制。二是在中观上整合实践教学的平台和资源,坚持价值性、科学性和适度性的原则,实践教学平台建设主要包括基于实践教学的共建平台、基于教学资源的共享平台、基于网络教学的合作平台;实践教学资源整合主要包括课程教材资源的整合、历史文化资源的整合、现实生活资源的整合。此外,研究还提出,要密切关注人工智能等先进技术的迭代升级,坚持"技术赋能"的思路,借助 AR、VR、MR、人工智能、元宇宙等先进技术,不断完善教学平台建设,精准匹配资源,让思政课的教学资源常备常新。三是微观上丰富实践教学的内容和形式,重点是善用"社会大课堂",坚持"引进来"和"走出去"相结合,运用"社会大课堂"丰富的现实素材,不断拓展思政课实践教学内容和形式,为"大思政课"建设持续注入活力。

(3)完善两个课堂深度结合的保障机制,需要重点思考两个课堂深度结合的支持体系和保障机制,具体表现为常态化的管理机制、一体化的联动机制和长效化的保障机制。

其一,常态化的管理机制重在搭建有力有序的运行架构,开展高质高效的组织管理。常态化的管理运行应该是一个包括政府、学校和社会等多元主体密切合作、各司其职的组织架构。在此基础上,将制度建设贯穿"大思政课"建设的全方位、全过程,在横向和纵向上都做到制度的贯通与衔接,更好地发挥制度对两个课堂深度结合的推动和保障作用。

其二,一体化的联动机制重在发挥多元主体在宏观、中观、微观上的作用,建立一体化的联动机制,形成育人"大合力"。其中,宏观层面要注重系统设计,中观层面要注重协同融合,微观层面要注重积极参与。研究认为,无论是宏观层面的系统设计还是中观层面的协同融合,最终都要通过微观层面的教师和学生来具体实施,因而需要通过有效措施引导师生积极参与,发挥师生在两个课堂深度结合中的重要作用,为此提出了建立和完善学生有效参与"社会大课堂"的实践学习保障机制。

其三,长效化的保障机制重在加强教学质量评价改革和教学经费的支持保障。其中,教学质量评价改革涉及学校、社会等多元实施主体,要求建立一个系统、协同的评价体系,并且把实践导向贯穿和落实到"大思政课"建设的各个方面和各个环节;思政课的经费投入为"大思政课"建设提供有力的财力支撑,按照在校生数量每生不低于 30～40 元的标准足额拨付思政课专项经费。同时,在条件许可的情况下,建议在学校总体经费预算中划拨专项经费用于"大思政课"建设。此外,学校还可以通过产教融合、校企合作、社会服务等方式,多渠道争取行业企业、社会组织等的经费支持。

第二节　研究的创新、反思及展望

一、研究的特色与创新

本书中的研究站在马克思主义立场上,以科学界定"大思政课""社会大课堂"等核心概念为逻辑起点,聚焦"思政小课堂"与"社会大课堂"的深度结合。理论研究旨在论证两个课堂深度结合的内在机理和动力逻辑;实证研究旨在找出两个课堂深度结合的存在问题及原因剖析;对策研究旨在有针对性地提出两个课堂深度结合的路径方法和实施策略,推进新时代思政课改革创新和立德树人根本任务的实现。本书的创新点主要体现在三个方面:

(一)学术思想的特色和创新

"思政小课堂"与"社会大课堂"的深度结合不仅限于"需求侧",而且需要"供需结合"的互动协同。本书的研究在"大思政课"的视域下,借助利益相关者理论,从"供给""需求"结合的双重逻辑,提供两者深度结合的指导原则、结合方式、有效路径及实施策略。

(二)学术观点的特色和创新

针对现有研究中"见事不见人"的问题,本书的研究更加关注教师和学生等教育对象主体性分析,从"主体—资源—利益"三个层面,对教师成长特点、学生知识习得规律、资源整合方法等系统性研究,据此从"宏观—中观—微观"三个层次提出对策建议,涵盖了理念层、实践层和保障层。

(三)研究方法的特色和创新

采用理论与实证结合的方法,必要性和可行性以理论研究为主,影响因素及成因分析借助问卷调查、个别访谈、统计分析等实证方法,同时结合典型案例进行了深度剖析。此外,对于两个课堂影响因素的归纳分类,以及最终路径方法和实施策略的提出,采用了德尔菲专家咨询法,反复征询教育主管部门、学校、社会组织不同类别和层次的专家意见,修改完善后提出对策建议。

二、研究的反思与展望

（一）研究反思

本书研究围绕"大思政课"视域下"思政小课堂"与"社会大课堂"的深度结合，遵循"聚焦问题—诊断问题—解决问题"的思路展开，通过理论研究与实证研究相结合，基本完成了预期的各项目标任务，取得了一些创新性成果。但是，在研究过程中也切实感受到，由于研究条件、能力和水平等的限制，对有些问题的把握还存在不够精准和全面的地方，对问题的分析还存在不深不透的情况，具体表现在四个方面：

1. 在核心概念的界定方面还有细化的必要

本书中涉及的核心概念可以分为两类：一类是与研究主题紧密相关的核心概念。如"大思政课""思政小课堂""社会大课堂"等，对于这些概念的界定相对比较完整，特别是对"大思政课"这一概念，借助 CiteSpace 软件进行了全面系统的梳理，重点探讨了"大思政课"之"大"的内在要求及"思政课"的本质特征。相较而言，对"社会大课堂"的探讨相对简略，主要从现实社会和虚拟社会两个方面进行的阐释，可能还不够系统全面。另一类是与研究主题相关的一些理论，如马克思主义实践哲学观、实践本质理论、教育互补理论、利益相关者理论等，由于这些理论的内涵较为丰富，并且都有着清晰的理论界定，研究中并未花大力气开展研究，仅限于对核心观点的罗列，以及对相关研究问题的解释，在理论与具体问题的结合上可能还有不太到位的地方，需要进一步的细化。

2. 在重点难点的把握方面还有深化的空间

根据研究主题和计划，预期的研究重点主要包括两个方面："大思政课"视域下两个课堂深度结合必要性和可行性的系统化理论论证；如何找准两个课堂深度结合的契合点、切入点和着力点，提出有效的路径方法和实施策略。预期的研究难点主要集中在三个方面：两个课堂深度结合中学校、社会组织、教师、学生等利益相关者的职责、定位；两个课堂深度结合的问题、影响因素及成因；两个课堂的结合成效如何科学评价。

在具体开展研究的过程中，坚持抓住主要矛盾和矛盾的主要方面，基本上做到了重点分明、难点清晰，并且用了大量的素材来分析重点、解决难点。但是，限于知识结构、研究能力等,对于重点和难点问题的解决,也是宏观的研究居多,中观和微观的研究偏少,没有结合某一门思政课程开展具体研究。特别是对"两个课堂的结合成效如何科学评价"这一问题上,虽然进行了一些思考,提出了一些建议,但更多的是基于客观问题的主观思考,未能结合教育调查和专家咨询给出系统化的阐释,这也将是接下来深入研究的重点。

3. 在研究方法的选用方面还有创新的可能

研究坚持理论研究与实证研究相结合,理论研究中主要采用的是文献分析法、比较研究法和总结归纳法等。其中文献分析法以中文文献为主,外文文献的学习偏少。实证研究中主要采用的是教育调查和统计分析。在教育调查方面,主要采用的是问卷调查和个别访谈。在实施问卷调查的过程中,虽然进行了广泛的宣传动员,通过线下与线上相结合的方法发出了大量的调查问卷,但是回收到的有效样本并不是很多,一定程度上影响到了对研究问题的判断及其研究结论的形成,进而影响到了总体的研究质量。此外,限于专业能力的问题,统计分析主要以简单的Excel数据统计分析为主,统计方法和手段的选用比较单一,在今后的研究中需要重点加强对Spss等数据统计软件的学习,从而更好地提高数据统计分析的质量和水平。

4. 在研究结论的呈现方面还有拓展的余地

在理论与实证结合的基础上,本书最终提出了两个课堂深度结合的路径及策略,重点从理念层、实践层和保障层三个方面进行了深入的分析,这种结论呈现方式做到了重点突出,缺点是难以做到面面俱到,不可避免地忽略了其他可能存在的具体策略。此外,在对这三个方面策略论证的过程中,涉及不少多学科交叉的内容,而无论是笔者的知识面还是信息量还稍有欠缺,得出的结论也未必全面深入。如在论证思政课教师队伍建设时,思政课教师实践素养的提升有多种影响因素,研究主要就社会实践研修方面进行了系统化的阐释。再比如,思政课实践教学模式有很多种,研究重点对其中的几种展开了详细论证,其他的都是简要介绍。此外,研究主题本就是一个常研常新的话题,在现有研究基础上仍然有后续深化研究的空间,研究结论也将是与时俱进的。

(二)研究展望

党的二十大报告把高质量发展明确作为全面建设社会主义现代化国家的首要

任务,进一步凸显了发展的全局和长远意义。《全面推进"大思政课"建设的工作方案》提出,要坚持开门办思政课,强化问题意识、突出实践导向,充分调动全社会力量和资源,建设"大课堂"、搭建"大平台"、建好"大师资",旨在以"大思政课"建设为抓手,持续推动思政课和思想政治教育高质量发展。

现有关于"大思政课"的研究,侧重于具体的建设理念、建设路径、建设方式等常规化的理论和实践探索。本书研究认为,"大思政课"建设也有一个高质量发展的问题,其中涉及多维时空、多元主体、多种资源的整合,需要构建协同机制来有效推动。这实际上是对现有路径研究和实践探索更高要求的"集成",具体化为一种可推广应用的经验模式或一些务实可行的体制机制,这是促使"大思政课"建设形成"共识思考"的关键。其中,着眼于"大思政课"协同机制建设,如何树立协同育人的新理念、如何打造协同育人共同体、如何健全协同育人制度体系等,这些都是"大思政课"高质量发展亟待解决的问题。

此外,随着信息技术的发展,人工智能、区块链、元宇宙等新技术在课程教学中的应用,思政课实践教学向虚拟空间的拓展正成为热点,并且以此为基础的思政课教学场景转换、教学资源库建设、教师队伍建设等也需要持续关注。对于这些问题的思考,将会成为今后很长一段时间内影响思政课实践教学改革走向的重要问题,也必将从内容、形式、平台、载体等各个方面,对"思政小课堂"与"社会大课堂"的深度结合产生新的更大的影响。

附　录

附录一　"大思政课"建设情况调查问卷(教师)

您好！感谢您在百忙之中参加本次问卷调查。问卷旨在了解学校"大思政课"建设的实际状况，您只需答出您真实的想法即可，这将会对我们的研究有很大的帮助。调查采用无记名的方式，答案无对错，您只需在您认可的"○"内打"√"。调研结果仅用于统计分析，不会泄露您的个人信息。真诚地感谢您的配合，谢谢！

一、基本信息

1.您所在的学校

_____

2.您是否思政课教师?

○思政课专任教师

○思政课兼职教师

○不是思政课教师

二、"大思政课"建设情况

1.您对学校开展"大思政课"建设是否了解?

○是,非常了解

○是,了解一些

○否,不太了解

○否,完全不了解

2.您所在学校是否开展了"大思政课"创新实践?

○是,已经开展

○是，准备开展

○否，没有开展

○否，不太清楚

3.您对"大思政课"的内涵是否了解？

○是，非常了解

○是，了解一些

○否，不太了解

○否，完全不了解

4.您认为"大思政课"不同于思政课的关键是什么？

○教师队伍扩大

○教学资源扩大

○教学场所扩大

○教学形式多样

5.您认为"大思政课"最突出的时代价值是什么？

○丰富教学内容与形式

○形成全员、全方位、全过程育人格局

○推动思政课进入新发展阶段

三、"思政小课堂"与"社会大课堂"结合情况

1.您认为开展"大思政课"的方式有哪些？［可多选］

○主题教育

○理论教学

○社会实践

○实境体验

2.您认为思政课的理论教学和实践教学哪个更重要？

○理论教学

○实践教学

○同样重要

○不清楚

3.您所在学校哪些思政课程开展了社会实践教学？［可多选］

○毛泽东思想和中国特色社会主义理论体系概论

○道德与法治

○形势与政策

○习近平新时代中国特色社会主义思想概论

4.在思政课实践教学的各种形式中,您更倾向于哪些形式?［可多选］

○品读红色经典阅读活动

○红色观影活动及参观红色基地、红色景点活动

○演讲比赛、唱红歌、话剧等活动形式

○社会实践活动或社会调查活动

○其他活动

5.您认为学校思政课是否应当加强"社会大课堂"教学?

○应当加强

○适当加强

○没有太大必要

○无所谓

6.对于"思政小课堂"与"社会大课堂"的结合,您的态度?

○需要深度结合

○可以适当结合

○不需要结合

○无所谓

7.您认为开展"社会大课堂"的教学资源有哪些?［可多选］

○生态资源

○城乡经济发展资源

○红色文化资源

○教育基地资源

○网络资源

○其他

8.您所在学校的思政课是否组织学生到校外实践教学? 是否将价值塑造融入实践过程?

○开展校外实践,有价值融入

○开展校外实践,无价值融入

○无校外实践,校内实践有价值融入

○无校内外的实践

9. 您所在学校的思政课开展过以下哪些校外实践活动?[可多选]

○参观博物馆/纪念馆

○参观革命老区/红色基地

○参观先进企业

○参观社区/新农村建设

○没有开展过

10. 您对学校利用"社会大课堂"开展的实践教学活动是否满意?

○很满意

○比较满意

○一般

○不满意

11. 您认为"思政小课堂"与"社会大课堂"结合面临哪些困难?[可多选]

○制度规定不够健全

○文件要求落实不够

○双方合作存在难度

○合作效能需要提升

○缺乏相应经费支持

○其他

12. 您认为"思政小课堂"与"社会大课堂"结合的问题有哪些?[可多选]

○活动形式传统、单一

○教师的实践教学水平不高

○校外实践教学基地数量少、质量差,影响实践教学的实效

○与青年学生的兴趣不匹配,学生参与度不高

○课时安排不合理

○实践教学考核评定方式传统且不全面

○理论教学与实践教学之间未形成良好衔接

○实践教学内容未联系实际,意义不大

○其他

13.您认为推进"思政小课堂"与"社会大课堂"结合,学校需要怎么做?[可多选]

○建立思政实践活动协作机制,共同推进思政实践教学活动

○建设一支理论水平高、实践能力强的教师队伍,提升实践效果

○建立更优质的校内外思政课实践教学基地,如校内虚拟仿真思政课体验教学中心,保障思政课实践教学的开展

○建立良好的思政课实践教学考核机制,增强学生获得感

14.除现在开展的"社会大课堂"教学活动,您还建议开展哪些活动?

_____

_____

再次感谢您填写问卷,祝您工作顺利! 万事顺意!

附录二　"大思政课"建设情况调查问卷(学生)

您好！感谢您在百忙之中参加本次问卷调查。问卷旨在了解学校"大思政课"建设的实际状况,您只需答出您真实的想法即可,这将会对我们的研究有很大的帮助。调查采用无记名的方式,答案无对错,您只需在您认可的"○"内打"√"。调研结果仅用于统计分析,不会泄露您的个人信息。真诚地感谢您的配合,谢谢！

一、基本信息

1.您所在的学校

2.您的性别?

○男

○女

3.您所在的年级?

○一年级

○二年级

○三年级

○其他年级

4.您的专业属于?

○文科

○理科

○工科

○其他类

二、"思政小课堂"与"社会大课堂"结合情况

1.您认为开展"大思政课"的方式有哪些?［可多选］

○主题教育

○理论教学

○社会实践

○实境体验

○其他

2.您认为思政课的理论教学和实践教学哪个更重要?

○理论教学

○实践教学

○同样重要

○不清楚

3.您所在学校哪些思政课程开展了社会实践教学?［可多选］

○毛泽东思想和中国特色社会主义理论体系概论

○道德与法治

○形势与政策

○习近平新时代中国特色社会主义思想概论

4.在思政课实践教学的各种形式中,您更喜欢哪些形式?［可多选］

○品读红色经典阅读活动

○红色观影活动及参观红色基地、红色景点活动

○演讲比赛、唱红歌、话剧等活动形式

○社会实践活动或社会调查活动

○其他活动

5.您认为学校思政课是否应当加强"社会大课堂"教学?

○应当加强

○适当加强

○没有太大必要

○无所谓

6.对于"思政小课堂"与"社会大课堂"的结合,您的态度?

○积极参加

○比较愿意参加

○不想参加

7.您认为开展"社会大课堂"的教学资源有哪些?［可多选］

○生态资源

○城乡经济发展资源

○红色文化资源

○教育基地资源

○网络资源

○其他

8. 您所在学校的思政课是否组织学生到校外实践教学？是否将价值塑造融入实践过程？

○开展校外实践,有价值融入

○开展校外实践,无价值融入

○无校外实践,校内实践有价值融入

○无校内外的实践

9. 您是否知道或到过所在学校建立的思政课校外实践基地？

○知道,也去过

○知道,但没去过

○不知道,也没去过

10. 您所在学校的思政课开展过以下哪些校外实践活动？[可多选]

○参观博物馆/纪念馆

○参观革命老区/红色基地

○参观先进企业

○参观社区/新农村建设

○没有开展过

11. 您对学校利用"社会大课堂"开展的实践教学活动是否满意？

○很满意,有助于理解所学理论,扩大知识面,开阔视野

○比较满意,虽理论和实践有差距,但有助于了解社会

○不满意,老师态度敷衍,效果一般

○不感兴趣,开不开展区别不大

12. 您认为参加"社会大课堂"的教学活动是否有收获？

○收获很大

○还可以,有一定的收获

○基本没有

○不确定是否有收获

13."社会大课堂"的开展对您有哪些帮助?[可多选]

○树立正确的世界观、人生观、价值观

○提升思想政治素质,增强道德修养

○培养社会责任感和使命感

○增强对优秀传统文化的传承意识

○提高职业道德与素养

○形成科学思维和创新精神

○其他

14.您认为"思政小课堂"与"社会大课堂"结合中存在的主要问题有哪些?[可多选]

○活动形式传统、单一

○教师的实践教学水平不高

○校外实践教学基地数量少、质量差,影响实践教学的实效

○与青年学生的兴趣不匹配,同学们参与度不高

○课时安排不合理

○实践教学考核评定方式传统且不全面

○理论教学与实践教学之间未形成良好衔接

○实践教学内容未联系实际,意义不大

○其他

15.您希望思政课外出社会实践教学采取的最佳组织方式是?[可多选]

○教师带队,进入思政课实践教学基地考察调研

○学生自主进行社会实践

○利用 AR/VR 等先进技术的实践

○其他

16.除现在开展的"社会大课堂"教学活动,您还希望开展哪些活动?

———————————————————————————————

———————————————————————————————

再次感谢您填写问卷,祝您学习、生活愉快!

附录三 "社会实践研修与思政课教师职业素养提升"调查问卷

尊敬的老师您好:感谢您协助填答这一份问卷,此问卷的主要目的在于了解学校开展的社会实践研修对于思政课教师职业素养提升的成效,答案没有对错或好坏之分,您只需在您认可的"○"内打"√"。您所填答的答案主要用于改进此项工作的参照,请依照个人的经验与感受实事求是地选答,其结果将绝对保密,请放心填答,非常感谢您的协助。

1.您从事思政课教学多少年?［单选题］

○5 年及以下

○5—10 年

○11—20 年

○20 年以上

2.您目前的职称是?［单选题］

○教授

○副教授

○讲师

○助教

3.您目前的学历是?［单选题］

○博士

○硕士

○本科

○其他_____

4.您的学科背景是?［单选题］

○马克思主义理论及相关学科

○思想政治教育及相关学科

○哲学及相关学科

○其他_____

5.您的政治面貌是?［单选题］

○中共党员

○群众

○其他

6.您主讲的思政课是?［多选题］

□毛泽东思想和中国特色社会主义理论体系概论

□道德与法治

□习近平新时代中国特色社会主义思想概论

□马克思主义基本原理概论

□中国近现代史纲要

7.您参与暑期实践研修的次数是?［单选题］

○0次

○1次

○2次

○3次

○4次

总体感受［矩阵量表题］

	非常 不满意	不满意	一般	满意	非常满意
8.对学校思政课教师社会实践研修形式的看法	○	○	○	○	○
9.对学校思政课教师社会实践研修时间的看法	○	○	○	○	○
10.对学校思政课教师社会实践研修地点的看法	○	○	○	○	○
11.对学校思政课教师社会实践研修人员的看法	○	○	○	○	○
12.对学校思政课教师社会实践研修效果的看法	○	○	○	○	○

职业素养[矩阵量表题]

	不知道	无帮助	一般	有帮助	非常有帮助
13.进一步强化了共产主义信仰	○	○	○	○	○
14.进一步强化了中国特色社会主义理想信念	○	○	○	○	○
15.进一步强化了马克思主义的政治立场	○	○	○	○	○
16.进一步增强了家国情怀和民族情怀	○	○	○	○	○
17.进一步增强了传道授业的责任感和使命感	○	○	○	○	○
18.进一步增强了关注时代、关注社会的意识	○	○	○	○	○
19.研修成果有助于丰富教学内容	○	○	○	○	○
20.研修成果有助于改进教学方法	○	○	○	○	○
21.研修成果有助于提升实践教学能力	○	○	○	○	○
22.研修成果有助于启发科研意识	○	○	○	○	○
23.研修成果有助于提升科研能力	○	○	○	○	○
24.有助于开阔知识视野,深化了对热点问题的理解	○	○	○	○	○
25.有助于开阔历史视野,深化了对中国国情的认识	○	○	○	○	○
26.有助于开阔国际视野,深化了对国内国外的比较	○	○	○	○	○
27.更加自觉地做到课上课下一致	○	○	○	○	○
28.更加自觉地做到网上网下一致	○	○	○	○	○
29.更加自觉地做到所讲所行一致	○	○	○	○	○
30.强化了思想认同,增强了传道授业的自豪感	○	○	○	○	○

	不知道	无帮助	一般	有帮助	非常 有帮助
31. 强化了理论认同,增强了传道授业的获得感	○	○	○	○	○
32. 强化了情感认同,增强了传道授业的幸福感	○	○	○	○	○

33. 您认为学校思政课教师实践研修存在主要问题是什么?

_____

34. 您对学校思政课教师社会实践研修的建议有哪些?

_____

参考文献

一、著作类

[1]马克思恩格斯选集(第1卷)[M].北京:人民出版社,2012.

[2]列宁全集(第6卷)[M].北京:人民出版社,2013.

[3]列宁专题文集[M].北京:人民出版社,2009.

[4]毛泽东选集(第1卷)[M].北京:人民出版社,1991.

[5]毛泽东选集(第2卷)[M].北京:人民出版社,1991.

[6]习近平谈治国理政(第2卷)[M].北京:外文出版社2017.

[7]习近平著作选读(第一卷)[M].北京:人民出版社,2023.

[8]习近平著作选读(第二卷)[M].北京:人民出版社,2023.

[9]中共中央党校(国家行政学院).习近平新时代中国特色社会主义思想基本问题[M].北京:人民出版社,2020.

[10]爱因斯坦文集(第三卷)[M].北京:商务印书馆,1979.

[11]陈悦等.引文空间分析原理与应用——Citespace实用指南[M].北京:科学出版社,2014.

[12]董振华.问道马克思[M].南宁:广西人民出版社,2021.

[13][美]弗里曼著.战略管理:利益相关者方法[M].王彦华,梁豪,译.上海:上海译文出版社,2006.

[14]郭凤志.高校思想政治理论课程建设研究[M].北京:北京师范大学出版社,2019.

[15][德]伽达默尔.赞美理论[M].夏镇平,译.上海:三联书店,1988.

[16]廖哲勋.课程教学改革与教育思想建设[M].北京:人民教育出版社,2018.

[17]联合国教科文组织.反思教育:向"全球共同利益"的理念转变?[M].联合国教科文组织总部中文科,译.北京:教育科学出版社,2017.

[18]骆郁廷.高校思想政治理论课程论[M].武汉:武汉大学出版社,2006.

[19]桑雷.高职学生职业核心素养及其培养研究[M].南京:南京大学出版社,2020;

[20]叶澜.教育概论[M].北京:人民教育出版社,2013.

[21]中共中央宣传部理论局.世界社会主义五百年[M].北京:学习出版社,2021.

[22]殷琦.中国传媒组织治理结构创新研究:基于利益相关者理论的视角[M].厦门:厦门大学出版社,2015.

[23]周宪.文化现代性精粹读本[M].北京:中国人民大学出版社,2006.

二、文章类

[1]习近平.思政课是落实立德树人根本任务的关键课程[J].求是,2020(17).

[2]习近平.以史为镜、以史明志,知史爱党、知史爱国[J].求是,2021(12).

[3]曹群.适应性视域下职业院校"大思政课"教学探索[J].思想教育研究,2022(10).

[4]曹桢,喻一珺,王钰菡."大思政课"视域下高校思政课实践教学社会协同机制探讨[J].北京交通大学学报(社会科学版),2022(2).

[5]陈晓,薄晓菲,李军海.高校思想政治理论课实践教学模式研究[J].广西教育学院学报,2022(1).

[6]程竹汝.论坚定中国特色社会主义制度自信的若干依据[J].中共中央党校(国家行政学院学报),2020(1).

[7]褚海萍.大学生思想品德形成发展的规律探析[J].山西高等学校社会科学学报,2012(2).

[8]董雅华.善用"大思政课"促进教育资源转化:意涵、问题与进路[J].思想理论教育,2022(4).

[9]冯刚.改革开放40年来高校思想政治教育发展的经验与展望[J].中国高等教育,2018(13):47—51.

[10]冯秀军.善用"大思政课"的三个维度[J].思想理论教育导刊,2021(8).

[11]甘子成,翟兴娥,芦莎.基于IRF/IRE的思政圈层增效深度学习实证研究——以思政小课堂与"一线课堂"协同增效课堂实践为例[J].教育学术月刊,2021(8).

[12]高国希.试论关于"大思政课"的几对范畴关系[J].马克思主义理论学科研究,2021(10).

[13]宫长瑞,张乃亮.人工智能赋能"大思政课"的育人图景和实践策略[J].中国大学教学,2022(8).

[14]顾恩平.案例教学在高校"概论"课教学中的运用研究[J].教书育人(高教论坛),2018(7).

[15]韩喜平,王晓阳.论思政小课堂与社会大课堂的结合[J].思想理论教育,2019(10).

[16]郝保英,王涛."大思政课"视域下高校思政课的实践性论析[J].思想理论教育,2022

(10).

[17]何捷.更可怕的"假装学习"[J].内蒙古教育,2016(12).

[18]何萍.中国马克思主义实践哲学研究的当代价值——以中国理性思维方式的建构为主线[J].哲学动态.2020(9).

[19]何益忠,周嘉楠.思政课实践教学:概念辨析与体系创新[J].中国高等教育,2020(6).

[20]何益忠.论思政小课堂同社会大课堂结合的价值意蕴和实践路径[J].思想理论教育,2020(10).

[21]洪波,杨柳.基于 CiteSpace 的我国意识形态知识图谱分析[J].马克思主义研究,2018(1).

[22]胡凤霞.高校课程思政研究的主题演进、实施困境及四维指向[J].高校辅导员学刊,2022(14).

[23]黄海.中国特色社会主义制度自信:基本依据·价值意蕴·实现路径[J].吉首大学学报(社会科学版),2020(1).

[24]黄浩岚.高职教育利益相关者理论研究的若干问题[J].教育与职业,2013(21).

[25]季卫兵."大思政课"的理论要义与实践导向[J].群众,2021(7).

[26]贾美华.如何促进学生有效参与社会大课堂实践学习[J].教育科学研究,2010(12).

[27]蓝波涛,覃杨杨.构建大思政课协同育人格局:价值、问题与对策[J].教学与研究,2022(2).

[28]李大健.高校善用"大思政课"铸魂育人的三大保障[J].思想理论教育,2022(9).

[29]李焦."大思政课"的历史方位与理论定位[J].思想理论异刊,2022(9).

[30]李宁.浅谈马克思主义实践哲学及其现实意义[J].学理论,2014(4).

[31]李钰清,黄芳."大思政课"理念的三重逻辑[J].理论视野,2022(10).

[32]刘浩天,董杨.浅论思政课实践教学与大学生社会实践活动的结合[J].中国成人教育,2014(11).

[33]刘顺,胡涵锦,高玉林.近十年来中国马克思主义研究动向——基于五种马克思主义期刊(2005—2014)的计量分析[J].科学社会主义,2015(4).

[34]刘洋.运用大数据提升高校思想政治理论课教学实效的反思[J].思想理论教育,2021(11).

[35]刘煜.社会大课堂教育模式新探[J].中国教育学刊,2013(S3).

[36]吕青倩,罗增让.论教师的情绪调节和课堂管理[J].教师教育论坛,2016(1).

[37]马瑞."大思政课"视域下雷锋精神融入高校大学生思想政治教育研究[J].新疆警察学院学报,2018(4).

[38]马帅,陈孝柱.高校思政课"实践教学"模式的特点、问题、成因与创新[J].辽宁科技学院学报,2020(12).

[39]牛天,张帆.嵌入、表达、认同:斜杠青年的自我实现研究[J].中国青年研究,2020(6).

[40]蒲清平,黄媛媛.系统论视域下"大思政课"建设的理论意蕴与实践进路[J].思想理论教育导刊,2023(3).

[41]亓光,孙倩."大思政课"时空适宜的基本内涵、内在逻辑与实现路径[J].思想理论教育导刊,2023(5).

[42]齐鹏飞.善用"大思政课"[J].理论导报,2021(3).

[43]钱结海."虚拟社会":高校思政课实践教学应有的场域[J].湖北社会科学,2012(1).

[44]秦晓华."大思政课"视域下思政课实践教学改革的困境与出路[J].学校党建与思想教育,2023(13).

[45]闫晓萍,王立仁.谈个体思想品德形成发展的规律[J].教育探索,2013(10).

[46]桑雷,曾子星.把握中国特色社会主义制度自信的四重逻辑[J].学习月刊,2022(8).

[47]桑雷.分散治理到协同治理:高职教育多元主体的失位与归正[J].现代教育管理,2017(9).

[48]桑雷.思政课堂学生"假装学习"现象与教师情绪管理与应对[J].内蒙古师范大学学报(教育科学版),2019(6).

[49]沈步珍,罗锐.马克思主义实践观对高校思政课实践教学模式建构的启示[J].学校党建与思想教育,2021(14).

[50]沈千帆等."00后"大学生的群体特征及教育策略[J].学校党建与思想教育,2019(12).

[51]沈壮海."大思政课"我们要善用之:思考与探索[J].思想政治教育研究,2021(3).

[52]石书臣,韩笑."大思政课"协同机制建设:问题与策略[J].思想理论教育,2022(06).

[53]石书臣.深刻把握"大思政课"的本质要义[J].马克思主义学科研究,2022(7).

[54]史宏波,谭帅男.大思政课:问题指向、核心要义与建设思路[J].思想理论教育,2021(9).

[55]汤广全."信息茧房"视阈下大学生思维品质的培养和塑造[J].当代青年研究,2018(2).

[56]童建军,林晓娴.当代大学生思想动态与行为倾向分析[J].思想理论教育,2019(4).

[57]王碧波.高校思政小课堂同社会大课堂结合的内在逻辑及实现路径[J].高校辅导员,2020(1).

[58]王慧芳.社交媒体时代高校学生KOL素养的提升途径[J].出版广角,2018(13).

[59]王婷,阎树群.高校思政课话语质量:历史、困境与进路——基于中国文化理性的分析[J].教育学术月刊,2020(10).

[60]王晓骊,张玉晨.善用"大思政课"创新思政课程教学的实践路径[J].中国高等教育,2021(20).

[61]王岩,郭凤龙.在着力"六个结合"中展现"大思政课"的善用之道[J].马克思主义与现实,2022(5).

[62]王易.打造理论性和实践性相统一的思想政治理论课[J].中国高等教育,2019(10).

[63]王易.试论思想品德的形成规律[J].教学与研究,2012(9).

[64]王易.推进新时代思想政治理论课高质量发展[J].红旗文稿,2022(6).

[65]王玉栋.新时代大学生创业价值观新探——一种后物质主义的视角[J].北方民族大学学报,2020(1).

[66]王资博.新时代"大思政课"的涵义、特性与价值研析[J].中共南宁市委党校学报,2021(5).

[67]魏娜,桑雷.以社会实践研修提升高职思政课教师的职业素养[J].教育与职业,2021(5).

[68]吴增礼,李亚芹."大思政课"视域下"社会大课堂"的多维阐释[J].思想理论教育,2022(12).

[69]夏天.思政课与社会实践的耦合[J].中学政治教学参考,2021(5).

[70]徐蓉,周璇.师资联动:构建"大思政课"育人格局[J].思想理论教育,2022(4).

[71]闫长丽,刘福军."大思政课"协同机制构建探析[J].北京教育(德育),2022(12).

[72]燕连福."大思政课"建设的基本内涵、历史回顾与未来着力点[J].高校马克思主义理论研究,2021(3).

[73]杨增崒.高校思想政治理论课实践教学的困境及突破[J].思想理论教育导刊,2016(10).

[74]张代宇.疫情新闻在思政课中的育人价值及应用原则研究[J].新闻研究导刊,2021(3).

[75]张强军."大思政课"的出场逻辑、比较优势与实践要求[J].大学教育科学,2023(2);

[76]张睿,吴志鹏,黄枫岚."00后"大学生的思想观念及行为倾向研究[J].思想理论教育,2021(6).

[77]张慎霞,穆文潇.思想政治理论课实践教学课程化研究[J].学校党建与思想教育,2019(11).

[78]张士海.关于"大思政课"建设的几点思考[J].马克思主义理论学科研究,2021(7).

[79]张文煊.让"社会大课堂"活起来[J].思想政治课教学,2019(11).

[80]张兄武.基于利益相关者理论的本科应用型人才培养"责任共担"机制探究[J].高等工程教育研究,2013(1).

[81]张卓群,张红."大思政课"视角下高校思政课教学改革探索[J].沈阳大学学报(社会科学版),2021(12).

[82]赵春玲,逄锦聚."大思政课":新时代思政课改革创新的重要方向和着力点[J].思想政治理论课教学,2021(8).

[83]赵雅璇.大思政课视域下红色资源赋能"社会大课堂"的实践探析[J].高教学刊,2023(9).

[84]朱洪发.道德教育的本质在于实践[J].山东师范大学学报(人文社会科学版),2005(1).

[85]朱献苏,杨威.新时代推进"大思政课"建设的实践理路探究[J].中国高等教育,2022(13):40—42.

[86]朱旭."大思政课"理念:核心要义、时代价值与实践路径[J].马克思主义理论学科研究,2021(5).

三、其他类

[1]习近平在全国高校思想政治工作会议上强调:把思想政治工作贯穿教育教学全过程 开创我国高等教育事业发展新局面[N].人民日报,2016—12—09(01).

[2]习近平主持召开学校思想政治理论课教师座谈会强调:用新时代中国特色社会主义思想铸魂育人,贯彻党的教育方针落实立德树人根本任务[N].人民日报,2019—03—19(01).

[3]习近平.在庆祝中国共产党成立100周年大会上的讲话[N].人民日报,2021—07—02(02).

[4]习近平.加强政党合作 共谋人民幸福——在中国共产党与世界政党领导人峰会上的主旨讲话[N].人民日报,2021—07—07.

[5]习近平.把思想政治工作贯穿教育教学全过程[EB/OL].中国共产党新闻网,http://jhsjk. people. cn/article/28935836.

[6]教育部.普通高等学校思想政治理论课教师队伍培养规划(2019—2023年)[EB/OL].http://www. moe. gov. cn/srcsite/A13/moe_772/201904/t20190428_379873. html. [2019—04—18].

[7]焦以璇. 思政课堂 点亮青年信仰——高校思政课教学质量年专项工作述评[N].中国教育报,2018—02—27(01).

[8]李培超.办好"大思政课" 推动高校思政课教学改革[N].湖南日报,2021—09—09.

[9]刘水静.善用"社会大课堂"推动思政课改革创新[EB/OL]. https://news. gmw. cn/2023—08/24/content_36784169. htm. [2023—08—24].

[10]刘亚.办好理论性和实践性相统一的思政课[N].经济日报,2020—12—15(11).

[11]麦肯锡.中国消费者报告2021[EB/OL].麦肯锡网. https://www. mckinsey. com. cn/

wp-content/uploads/2020/11/消费者季刊-2020_中文 1126_s. pdf.

[12]桑雷.活用"红色资源"上好"大思政课"[EB/OL]. http://www. dangjian. cn/shouye/dangjiangongzuo/shidaimayuan/202201/t20220105_6279360. shtml. [2022-01-05].

[13]王珂园,常雪梅.在为人民服务中茁壮成长——习近平总书记回信在北京大学援鄂医疗队"90后"党员和青年学子中引发强烈反响[N].光明日报,2020-03-18(01).

[14]魏华.把思政小课堂同社会大课堂结合起来[N].光明日报,2019-08-01(05).

[15]新华社.审时度势? 精心谋划? 超前布局? 力争主动? 实施国家大数据战略加快建设数字中国[N].人民日报,2017-12-10(01).

[16]许玉久,赵彩萍.融入红色资源推进新时代"大思政课"建设[N].中国青年报,2023-06-27(09).

[17]杨林香.准确把握社会大课堂的四个意蕴[EB/OL].光明网, https://share. gmw. cn/dangjian/2022-06-21/content_35825381. htm. [2022-06-21].

[18]曾令辉.科学把握"大思政课"的本质[N].中国教育报,2022-03-17(05).

[19]中共中央办公厅 国务院办公厅印发《关于深化新时代学校思想政治理论课改革创新的若干意见》[EB/OL].(2019-08-14). http://www. xinhuanet. com/politics/2019-08-14/c_1124876294. htm. [2019-09-09].